Sybil Gräfin Schönfeldt: »Gewußt wie!«

Sybil Gräfin Schönfeldt

Gewußt wie!

Ein heiterer Knigge mit Prominenten

Harenberg

Bildquellen:

dpa (101), Stern (3), Anders/Stern (3), Bauer/Stern (1), Bokelberg/Stern (1), Corp/Stern (2), Ebeler/Stern (1), Gebhardt/Stern (1), Hinz/Stern (4), Ihrt/Stern (3), Krämer/Stern (3), Kretz/Stern (1), Lebeck/Stern (1), Müller-Schneck/Stern (1), Petershofen/Stern (1), Scheler/Stern (1), Ullal/Stern (1), Will/Stern (1).

Impressum:

Satz: Systemsatz, Dortmund
Druck: Fabrieken Brepols n. V., Turnhout/Belgien
ISBN 3-88379-933-5

Zum Geleit

Alle reden von der Wende, üben wieder den Handkuß und sagen: Man darf oder man darf nicht.

Und woher weiß der Mensch, wie es nun wirklich richtig ist? Die Psychologie hat uns erklärt, daß wir viel mehr durch Beispiele lernen als durch pädagogische Vorträge. Das bringt jedoch z. B. Eltern immer wieder in die Klemme: »Tu, was ich Dir sage und mach nicht nach, was Du bei mir siehst!«.

In diesem Buch ist nur festgehalten, was man sehen kann: Pressefotos, Schnappschüsse, flüchtige Bilder. Wer genau hinschaut, erkennt unsere Zeit und kann verfolgen, wie sich Menschen heute verhalten, wie sie miteinander umgehen, was sie sich antun.

Das soll kein Regelwerk und keine Gebrauchsanweisung ergeben. Aber wer dieses oder jenes Bild mit einer gewissen Schadenfreude betrachtet, weil er meint, er wisse es besser, kann sich das nächste Bild vielleicht schon hinter den Spiegel stecken.

Aber an irgend etwas muß sich der Mensch doch halten? Wir zeigen hier, wie sich prominente Zeitgenossen verhalten haben – ohne daß sie deshalb Schaden genommen hätten. Immer nach dem Motto: Erlaubt ist, was nicht verboten ist.

Hamburg, März 1986

Darf ein Präsident öffentlich über eine Königin lachen?

Nicht über die Königin! Wohl aber über ihre launige Bemerkung zum schlechten Wetter in Kalifornien, die sie, ohne die Miene zu verziehen, von sich gab. Der US-Präsident lacht allerdings für europäische Maßstäbe und des bescheidenen Anlasses wegen sehr stark, was bei uns für ungehörig gelten würde und vermuten ließe, er lache gar nicht über den schwachen Wetterwitz, sondern über etwas anderes.
Daß die Königin nichts mehr zu lachen hat, kann man in englischen Zeitungen und Zeitschriften nachlesen. 52 Prozent der Leser der großen britischen Frauenzeitschrift »Woman« sind dafür, daß Elizabeth II. zugunsten ihres Sohnes abdankt. Die Londoner »Sunday Times« schreibt dazu: »Die Leute sind darauf gekommen, daß die Queen eine Frau in mittleren Jahren ist. Sie sieht nicht mehr gut aus, denn die königliche Familie ist so etwas wie eine Super-Fernsehserie geworden, und in Fernsehserien haben Fünfzigjährige auszusehen wie Joan Collins.« Das Fernsehen wird vom internationalen Fernsehpublikum für das Leben selbst genommen. Das ist nicht neu. Daß diese Kunstwelt aber die Maßstäbe fürs wirkliche und wahre Leben setzt und die Engländer ihrer Queen nahelegen, vorzeitig den Thron zu räumen, weil »sie oft mürrisch aussieht und sich altmodisch kleidet« (SAD London), macht aus allen Fragen des guten Benehmens nichts als einen schlechten Witz.
Reagan dagegen braucht nicht zu fürchten, daß ihm das Lachen vergehen würde. Er ist ein Mann, und alten Männern werden die Jahre nicht wie ein Charaktermangel angekreidet. Außerdem ist er gelernter Schauspieler. Was er tut und wie er es tut, ist garantiert »gekonnt«.

Darf man bei der Arbeit schlafen?

Nicht einmal, nein: erst recht nicht als Nachtwächter. Politiker aber, besonders regierende, haben nur selten die von ihnen selbst erstrittenen Achtstundentage und daher meist Reste von unbefriedigter Müdigkeit in Kopf und Knochen. Und sie haben andere berühmte Schläfer als Alibi. Von Winston Churchill sagt man, er habe nie so gut geschlafen, wie in den Kabinettssitzungen während des Krieges. Man habe sich aber auf seine gesenkten Lider keineswegs verlassen können, denn bei den Sätzen, auf die es ankam, sei er plötzlich so wach gewesen wie ein Wiesel. Staatsmänner beherrschen eben die Kunst, jede Minute richtig zu nutzen und dürfen deshalb im Gegensatz zu Nachtwächtern bei der Arbeit dösen. Unsere Bilder zeigen aber auch, daß neben einem Schläfer immer ein anderer wacht. Sofern keiner mit offenen Augen pennt, bleibt das Vaterland gerettet.

Wie weit darf ein Politiker den Mund aufreißen?

So gut sein Zahnarzt ist. Mr. Reagan, der gern mit weit aufgerissenem Mund lacht, weiß als ehemaliger Schauspieler, wie wichtig ein gutes Gebiß für Unterhaltungskünstler und Politiker ist. »He roars with laughter«, heißt es im Text dieses Pressefotos, was laut Langenscheidt bedeutet: ». . . er brüllt vor Lachen, er lacht schallend.« Das kann er guten Gewissens tun. Der andere Herr hingegen müßte den Beruf oder den Zahnarzt wechseln.

Wie drückt man einem Bundeskanzler die Hand?

Wenn man selber Premierministerin ist, stets mit dem Blick zu den Fotografen und für die Nachwelt. Bruno Kreisky wäre geneigt, den Regeln des guten Tons zu folgen und den anzuschauen, dem er die Hand schüttelt. Doch Margaret Thatcher folgt konsequent den Regeln der Polit-Reklame und lächelt voll in die Kameras. Das ergibt ein Foto, auf dem man sofort das für Fotos eingeübte Gesicht der Politiker wiedererkennt, wie auf einer Briefmarke, und das ergibt ein Bild, bei dem der Partner am anderen Ende der geschüttelten Hände austauschbar ist.

Diese Einheitspose hat sich bei den meisten Politikern eingebürgert. Sie spart Zeit und Überlegung, aber sie degradiert eine Höflichkeitsgeste zur Schaustellung. Wir sollten einander immer noch ins Auge blicken.

Wie repräsentiert ein Oberhaupt oder: Wie müssen Herrenhosen sitzen?

Auf ihre Art untadelig, eine Forderung, die auf diesem Bild vom Gipfeltreffen 1980 in Venedig die Herren zwischen Helmut Schmidt und Jimmy Carter erfüllen. Der Anzug stimmt, von der Hose, ihrem Sitz, der Länge und Breite ihrer Beine, angefangen bis zu den Jacketts und der Körperhaltung ihrer Träger. Bei den anderen Herren wäre dieses und jenes auszusetzen. Sicher gibt es viele Bundesbürger, die sich jetzt ärgerlich räuspern und sagen: »Meine werte Dame, diese Herren sind keine Dressmen!« Gewiß. Aber sie repräsentieren

ihre Nation. Die Fotos, die von ihnen gemacht werden, gehen um die Welt. Bei jedem Markenartikel zerbrechen sich Marketingstrategen die Köpfe über die Verpackung, und solange ein Mann einem Land vorsteht, ist er dessen Qualitätsprodukt Nummer eins und muß sich immer wieder dem Vergleich mit anderen aussetzen. Ein normaler abendländischer, korrekt sitzender Tagesanzug macht aus einem klugen Kopf keinen Spiegelaffen, so wenig wie ein elegantes Gewand seinen Träger als Modepuppe disqualifiziert.

Was macht eine Königin, wenn es sie am verlängerten Rücken zwickt?

Eine Königin hat keinen verlängerten Rücken. Ergo kann es dort weder kneifen noch zwicken ... Aber wenn es halt doch zwickt oder juckt? So greift sie wie jeder andere Mensch herzhaft zu und versucht, das Ärgernis so rasch wie möglich zu beseitigen. Daß sie dabei ihre Mühe hat und daß sie leidet, tröstet vor allem all jene Betrachter, die im frommen Märchenglauben leben, Könige und Herren und Damen in artverwandten Berufen wären im Zustand absoluter Vollkommenheit. Das sind sie aber nur in den bunten Blättern, die sich der Herstellung dieses schönen Scheins widmen. Unsere letzten Königinnen und Könige sind, das ist nicht zu leugnen, Identifikationsfiguren. Infolgedessen kann man von Elizabeth in leichter Abwandlung sagen: »Wie sie sich räuspert, wie sie spuckt, das wird ihr gründlich abgeguckt.« Und wenn sie – ein einziges Mal! – beim Fauchen und Kratzen erwischt wird, sollte man nicht schadenfroh, sondern teilnahmsvoll lächeln. Diese Dame ist schließlich immer im Dienst. Und Ärger mit den Kindern hat sie auch, wie man hört. Soll sie sich doch ruhig mal kratzen. Hat sie wenigstens ein Problem aus der Welt geschafft.

Darf ein Politiker die Hosenträger runterlassen?

Ja, wenn es ihm heiß und unbequem ist. Wenn er sich endlich in die Arbeit stürzen will und das offizielle Programm mit Reden und Gegenreden, dunklem Anzug, Schlips und Kragen glücklich vorbei ist. Wie zum Beispiel 1971 auf der Krim, als der damalige Bundeskanzler Brandt zu Breschnew reiste und sicher froh war, daß Breschnew, als der Ältere, den Vorschlag machte, Jacken auszuziehen, Krawatten abzubinden und die Ärmel aufzukrempeln. Ob Politiker sich im Frack begegnen, nackt nebeneinander im türkischen Bad schwitzen oder mit Pappnase Karneval feiern: alles ist Arbeitskluft. Und wie ihre Emballage auch aussieht: Hauptsache, bei der Arbeit kommt etwas Vernünftiges heraus.

Wer darf als erster die Jacke ausziehen?

Derjenige, der fragt. Meistens tut er es dann bereits wie Hans-Dietrich Genscher und gibt gleichzeitig das Signal zum Schlipslockern oder -lösen wie Helmut Schmidt. Die Frage nach der Kleidererleichterung ist dann eine rhetorische Frage, sie setzt das allgemeine Einverständnis bereits voraus, was darauf hinweist, daß hier eine neue Konvention entstanden ist. Politik ist fürwahr ein heißes Geschäft. Wer, wie wir Fernseher, so oft die schweißüberströmten Gesichter unserer korrekt in Jacketts oder gar Weste und Jackett steckenden Politiker sehen muß, fragt sich ohnehin, warum sich nicht schon einmal jemand etwas hat einfallen lassen, was den für uns Arbeitenden die Auftritte in übervollen Sälen und unter überheißen Lampen erleichtert. Denn Jackenfreiheit gilt bisher nur im privaten Kreis oder in einer geschlossenen Gesellschaft, ob sie sich nun zu Tante Minchens 70. Geburtstag versammelt oder zum Ausfeilen von Abrüstungsvorschlägen.

So bleibt es dem Selbstbewußtsein oder der zuvorkommenden Höflichkeit des Gastgebers überlassen, für Kleidererleichterungen zu sorgen. Der US-Präsident Reagan begrüßte König Hassan auf dem Rasen des Weißen Hauses im offenen und kurzärmeligen Sporthemd. Ob sich der König nun im korrekten Anzug mit Halsbinde und Jacke im Vergleich zu dem Präsidenten *overdressed* vorkam oder ob selbst ihm die schwüle Hitze von 29 Grad Celsius zu viel war, er verstand die Geste und entblätterte sich während der Begrüßungsansprache des amerikanischen Präsidenten. Seine armen Begleiter, Rangstufen unter den Regierungschefs, mußten natürlich bejackt bleiben. Protokoll ist Protokoll.

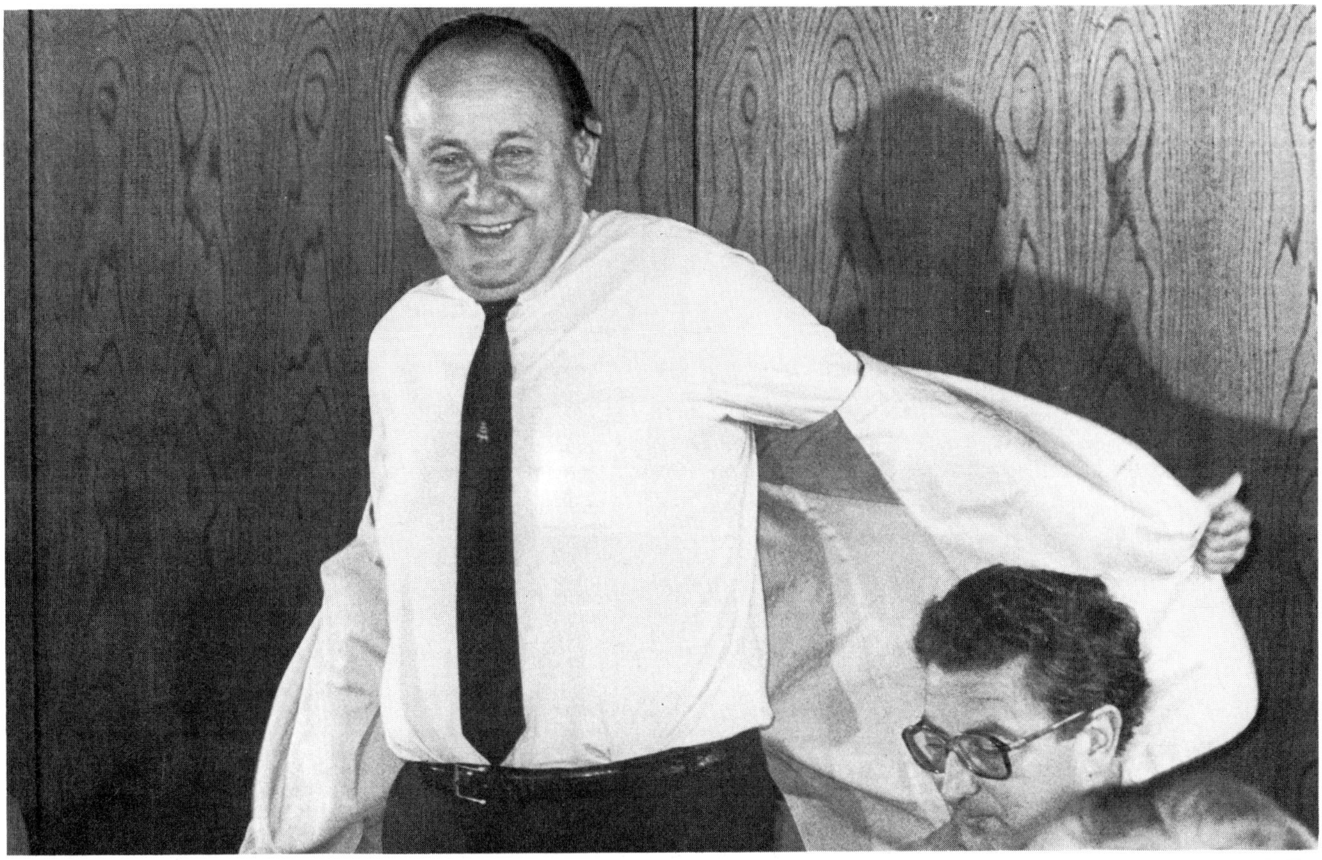

Darf man in der Nase bohren?

»Das war im Englischen Garten. Da gab mir der Teufel ein, daß ich – um auf Gustav zu warten – in der Nase bohrte, ich Schwein. Gustav hat alles gesehn. Er sagte: Das sei kein Benehmen. Was hilft es nun, mich zu schämen. Ich möchte manchmal ins Wasser gehn.« Das ist die zweite Hälfte eines Ringelnatz-Gedichts, 1933 erschienen, und darin sieht man mal, wie schwer es heute die Satiriker haben. Nasebohren ergibt keine gesellschaftskritische Pointe. Nasebohren beendet auch keine Karrieren. Freilich, es gab schon 1933 Taschentücher für solche privaten Putzarbeiten, die sich selbst ein einsames Fräulein im Englischen Garten hätte leisten können. Aber was ist Poesie und was ist bürgerliches Benehmen, selbst wenn der Poet es zum Gegenstand seines Gedichtes erwählt! Dazu noch einmal Joachim Ringelnatz: »Hohe Türme sind nur Türmchen, wenn ein Adlerauge sieht.«

CDU

Was macht ein Bundeskanzler mit einem nassen Waschlappen?

Er schaut, was die andern damit machen und wird gleich die Brille abnehmen, wie sein Gastgeber, um sich mit dem heißen feuchten Tuch das Gesicht zu erfrischen: nur einen Moment drauflegen, solange es noch die volle Hitze hält. So ein heißes Tuch wird nicht nur nach einem langen und guten Essen serviert, in manchen Hotels bekommt es der Fremde auch vor dem Essen gereicht, zum Beispiel in Ländern mit heißem Klima. Ich habe während eines Fluges erlebt, wie diese dampfenden Tücher von lächelnden Stewardessen mit hölzernen Zangen in die Hände der Passagiere fallen gelassen wurden. Da gab's keinen Einheimischen, von dem man etwas abgucken konnte, und den Fluggästen, die sich das Tuch erfahren und friedlich einen Augenblick glatt aufs Gesicht legten, glaubten die Neulinge nicht, sondern wischten und wuschen sich damit Hände und Stirn. Die Fluggesellschaft hatte also ihre Gäste überschätzt. Aufklärung vorher statt Lächeln dabei wäre besser gewesen. Denn schon mit einem nassen Lappen in der Hand trauen sich die wenigsten zuzugeben, daß sie keinen Dunst haben, was sie damit machen sollen. In derartige Situationen kommt der Mensch immer wieder: Mitmenschen vollführen irgendeine Handlung, greifen bei Tisch nach Besteckarten, die man noch nie in seinem Leben gesehen hat, beginnen etwas zwischen Spiel und Zeremonie zu entwickeln – was tun? So wie Helmut Kohl zuschauen und nachmachen. Oder, wenn die Sache komplizierter zu werden droht, den Nachbarn fragen. Das ist vor allem dann der einzige Ausweg, wenn der Gastgeber zu höflich ist, vor seinem Gast nach einem – sagen wir – harpunenartigen Eßgerät zu greifen, sondern ihm den Vortritt läßt.

Darf ein Präsident Nägel knabbern?

Nein. Nicht der Nägel wegen, sondern weil es viele Betrachter einfach eklig finden, andern beim Ohrausräumen, Nägelbeißen, Kopfkratzen oder Kaugummikauen zuschauen und zuhören zu müssen. Deshalb unterläßt der höfliche Mensch außerhalb seiner vier Wände alles, was andere zum Speien finden könnten. Das weiß Präsident Reagan, denn er hält viel auf gute Manieren. Und deshalb knabbert er nicht nervös an den Nägeln, während er für ein Pressefoto sitzt. Da er jedoch gleich seiner Nation eine grundlegende Steuerreform im Fernsehen erläutern wird, hat er halt Lampenfieber und muß an etwas knabbern. Der Kugelschreiber mit Plastikstiel ist da sicher hygienisch willkommener als ein Stift voll echtem Blei, aber trotzdem ist der Präsident diesmal kein leuchtendes Beispiel.

Darf ein Präsident Grimassen schneiden?

Nicht, wenn sie seinem Wahlvolk gelten. Wohl aber, wenn die Grimassen seinem Image bei den so wichtigen Multiplikatoren dienen. Und den »untrüglichen Instinkt für publikumswirksame Auftritte« bestätigte UPI nicht ohne Bewunderung. Der Agenturtext zu diesem Foto unter der Überschrift »Reagan amüsierte Fotografen« lautet: »›Mir ist mitgeteilt worden, das ist alles nicht für die Berichterstattung, und die Kameras sind abgeschaltet‹, sagte er am Mittwochabend (18. Mai 1983) beim jährlichen Festessen der Fotoreporter des Weißen Hauses. ›Ich habe längst darauf gewartet, das zu tun‹, fuhr Reagan fort. Dann führte er zur Verblüffung der rund 1000 Gäste die gespreizten Hände zum Kopf, steckte die Daumen in die Ohren und wackelte mit den Fingern. Schallendes Gelächter im Saal.« Es ist Reagans ursprüngliches Metier, sein Publikum richtig einzuschätzen. Das hilft ihm bei dieser zweiten Karriere, und es hilft ihm wohl besonders, weil gerade unter seiner Regie das ganze Gefunkel und Geklingele des Herrschaftsspektakels wieder Eingang gefunden hat. »Hollywood« sagen die Leute auch in den USA verächtlich, wenn sie die Wachparade wie ein Nußknackerballett die Beine schwingen sehen. Mit ein paar geschickt eingesetzten antiprotokollarischen Grimassen, selbst mit gewissen Taktlosigkeiten, schafft es Reagan jedoch, seinen Pomp und Triumphalismus mit einem Augenzwinkern so zu verkaufen, daß auch die Kritiker sich schmunzelnd vom Präsidenten den Vogel zeigen lassen.

Wie begrüßt man einen Präsidenten?

Nein, dieser Kniefall galt nicht dem amerikanischen Präsidenten Jimmy Carter. Aber da kurz vor seiner Ankunft auf dem Flughafen von Riad die Gebetsstunde schlug, legte die saudi-arabische Kapelle Pauken und Trompeten nieder und verneigte sich gen Mekka.

Allah ist stärker als das internationale Protokoll, Carter mußte warten, und zwischen hochmodernen Fluggeräten und Waffen, im Westen erfunden, werden die alten Gebete des Ostens verrichtet. Orient und Okzident, Alte und Neue Welt, die Sieben Weltmeere und die Inseln hinter dem Winde – geographische Poesie, einst Hunderte von Tagen vom Abendland entfernt, auch mit Kamelkarawanen und Segelschiffen nur durch die Gunst der Elemente zu

erreichen. Das Geheimnis der Ferne und die Abenteuer des Reisens sind vergangen und vergessen. Man steigt in einen Jet und ist ein paar Stunden später da.

Andere Länder, andere Sitten? Gastgeber in aller Welt kleiden sich westlich und kaufen Computer. Diplomaten in aller Welt lassen nach internationalem Protokoll den roten Teppich ausrollen und die Militärmusik schmettern, wenn einer kommt, dem Empfang mit Militärmusik zusteht. Wer sich jedoch nicht gedankenlos für den Mittelpunkt der Welt hält, kann überall erkennen, daß in anderen Ländern immer noch andere Sitten herrschen und immer herrschen werden. Wer höflich sein will, richtet sich danach. Das zahlt sich sogar aus.

Wie nimmt man eine Parade ab?

Im Bademantel und mit bloßen Beinen, wenn man zu lange geschlafen hat oder wenn eine Abordnung der Regimentsmusik schon in aller Herrgottsfrühe auftaucht, um dem neu ernannten Oberstleutnant den Weckruf zu blasen.

Autorität sitzt, wie man sieht, nicht immer nur im Uniformtuch, und Geistesgegenwart hatte in außergewöhnlichen Situationen immer schon mehr Witz und Wirkung als das Reglement. Man braucht dazu nur Selbstsicherheit, und das ist natürlich der Haken.

Dürfen Kanzler Asche fallen lassen?

Selbstverständlich nicht. Erstens überhaupt nicht, zweitens als wohlerzogener Gast nicht und drittens auf ein so schön gebohnertes altes Parkett wie das im Bremer Rathaus schon gar nicht. Und so wandeln zwei Staatsoberhäupter getreulich nebeneinander, bedenken die Geschicke der Ihren, und einer trägt den Aschenbecher vor sich her, damit keine Kippen und Flecken auf den blanken Bohlen zurückbleiben. Churchill hätte sicher fröhlich mit der Asche um sich gestreut und sich den Teufel um die Folgen gekümmert, aber in einem Lande, in dem Sauberkeit so groß geschrieben wird, mißt man ihr sicher oft zu viel Bedeutung bei. Säuberlichkeit allein ist noch keine Tugend, aber Rücksicht auf eine höchst erstrebenswerte und im allgemeinen ziemlich aussterbende Eigenschaft. Sie erfreut unter anderem alle gastgebenden Hausfrauen. In diesem Fall die Putzfrauen, die nach dem EG-Gipfel nur die Kippen der anderen aufkehren müssen.

Wie begrüßt man in einer zerrissenen Hose einen König?

Mit aller Seelenruhe und als ob nichts geschehen wäre. Ob unsereinem auf der Fahrt zu einer Besprechung eine Laufmasche rinnt, ob sich das Gummiband eines Unterrocks löst oder ob ein Herr auf dem Weg zur Audienz beim König von Marokko mit seiner Hose irgendwo hängenbleibt, immer wird nach der Maxime gehandelt: Was man nicht ändern kann, nimmt man hin, ohne die Fassung zu verlieren. Die Laufmasche also nicht beachten. Den Unterrock zusammenfalten und in die Handtasche stecken (oder einfach raus- und drübersteigen, als ob er einem nicht gehörte) und sich um den Riß gar nicht kümmern.

Die Moral vom Riß: Unsere Großmütter wußten schon, was sie uns mit dem Satz: »Außen hui und innen pfui!« einzubleuen versuchten. Hier sieht man, daß es sich lohnt, wenn außen und innen immer alles präsentabel ist.

Der Herr mit dem Riß im Beinkleid ist der ehemalige Bundeskanzler Helmut Schmidt.

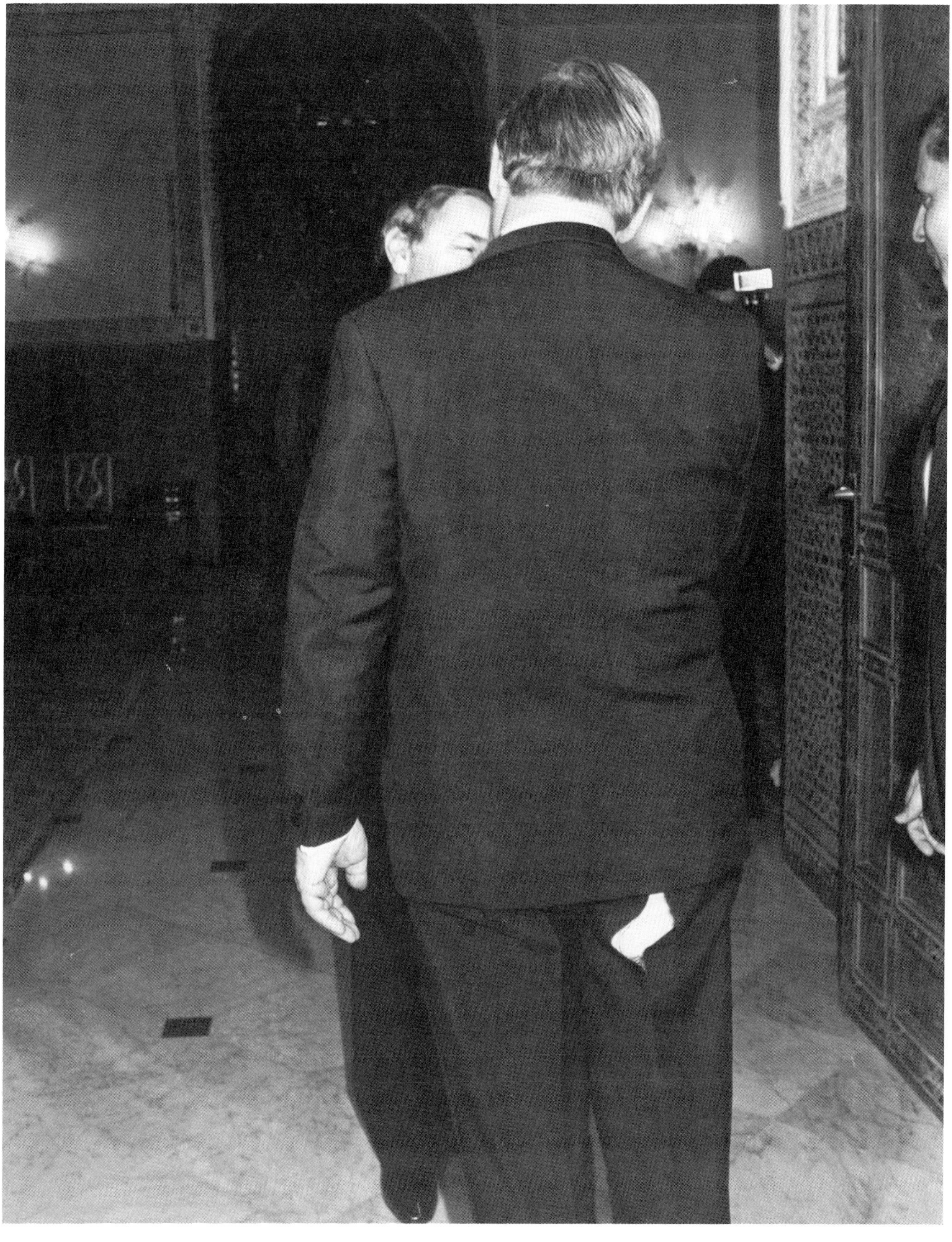

Muß man vor Monarchen einen Hofknicks machen?

Für wahre Demokraten gibt es nur eine einzige Antwort: nie und nimmermehr. Kein Kind küßt da einem Erwachsenen die Hand. Kein Erwachsener beugt vor einem anderen Sterblichen das Knie. Alle Menschen sind gleich, und der Mensch kniet nur vor Gott. So gab es in den USA ein öffentliches Aufstöhnen, als Präsident Reagans Protokollchefin Leonore Annenberg vor dem britischen Thronfolger Charles in einen vollendeten Hofknicks versank. Vielleicht hätte man nicht so sehr gestöhnt, wenn sie vor dem König von Wolkenkuckucksheim geknickst hätte, aber ausgerechnet vor England, dem einstigen Souverän der amerikanischen Kolonien! Da steht Nationalstolz über

allen aus Europas Feudalzeit getreulich übernommenen und unter Reagan wieder hochpolierten Gesellschaftsregeln. Wie diese aber im Mutterland England von Bürgern befolgt werden, demonstriert Premierministerin Margaret Thatcher. Sie knickst und knickst und knickst in fabelhafter Haltung vor allem, was gekrönt ist, daß Monarchen ihre helle Freude daran haben.
Margaret Thatcher knickst vor Queen Elizabeth, der Königinmutter.
Margaret Thatcher knickst vor Prinzessin Margaret.
Margaret Thatcher knickst vorm König von Kuwait.
Margaret Thatcher knickst vor König Taufa'ahau Tupou IV. von Tonga.

Darf eine Dame einem Minister die Zunge zeigen?

Wenn sie ihm gleichzeitig den Schlips abschneidet, allemal. Erst recht natürlich an einem Tag wie Weiberfastnacht in Köln. Nach altem Brauch waren an verschiedenen Frauentagen im Jahreslauf die Regeln der betreffenden Gesellschaft gelockert. Frauen hatten einen Tag lang die Herrschaft über die Männerwelt, die Mägde über ihre Bauersleute, die Schnitterinnen über Gutsherren, Schnitter und Knechte. Das war nicht viel, aber es ließ Dampf ab.

Die Moral von Schlips und ausgestreckter Zunge: Der Mensch kann nicht tagaus tagein Regeln gehorchen, auch wenn er sie selbst geschaffen hat. Irgendwann muß es ihm erlaubt sein, den Urschrei auszustoßen und der ganzen Welt die Zunge rauszustrecken. Doch da sogar zu dieser Freiheit Mut gehört, ist aus dem individuellen Bedürfnis flugs wieder eine Regel geworden. Nur: Darauf kann heutzutage jeder jederzeit und an jedem Ort nach Gusto reagieren. Mit Schlips, Charme und Zunge.

Wer hat wann den Vortritt?

Ganz einfach, lautet die Regel, der Würdigere, Hochgestelltere, Ältere. Außer ... na ja, zum Beispiel: außer, die Jüngere ist die Höherstehende, nicht wahr? Also Damen immer? Aber wo! Natürlich nicht! Wenn die Dame mit einem Höherstehenden verheiratet ist, einem König zum Beispiel, so hat natürlich der Herr König den Vortritt, zumindest, wenn er noch irgendwas regiert. Bei Königen, die nur noch so heißen, weil ihre Vorväter regiert haben, kann sich das ändern. Das hängt dann auch manchmal von ihrer Frau ab. Wenn deren Vater nämlich etwas noch Höheres war als der vom Königssohn – wir haben ja auch alle möglichen Kaiser in Europa gehabt! –, dann kann alles wieder ganz anders sein. Und wenn sich die Leute in dem Land, in dem des Königssohns Familie regiert hat, noch als Volk und Untertanen vorkommen, bleibt den Königssöhnen und Königstöchtern gar nichts anderes übrig, als noch einmal Hoheiten zu spielen, und manche finden das auch ganz gut und richtig, was aber die Sache noch komplizierter macht, denn was hat dann Vorrang? Die Gegenwart oder die Vergangenheit? Der Wunsch oder die Wirklichkeit? Wirklich die Wirklichkeit? Auf jeden Fall: Die Sache mit dem Vortritt ist nicht so ohne, und man kann die Chinesen verstehen, die ihn vor lauter Höflichkeit immer dem anderen lassen. Ich weiß nicht, nach welchen Regeln sie dann doch durch die Türen kommen. Ich fürchte nur, nach chinesischer Sitte gäb's bei uns Beulen und blaue Flecken. Oder könnte man davon ausgehen, daß sich unsere Mitmenschen zu Fuß höflicher benehmen als auf der Autobahn?

HT

Darf man in Gesellschaft flüstern?

Wer hat nicht noch im Ohr, was einem Mütter, Tanten, Großmütter ebenso zuzischten, wie es ihnen zugezischt worden war: »Wer flüstert, der lügt!« Das war damals schon Unsinn und ist es heute erst recht, und zwar aus zwei Gründen:

1. Warum soll ein Mensch in einer größeren Menschenmenge nicht seinem Nachbarn etwas so sagen, daß nur der es hört und vor allem der Redner nicht gestört wird? Etwas, das auch nicht alle angeht, also weder offizieller Diskussionsbeitrag noch protokollierenswerter Zwischenruf ist? Halt ein kleines Späßchen, wie es Herr Späth ganz offensichtlich von sich gibt, oder eine bemerkenswerte Bemerkung, wie die vom gerade gewählten Bundespräsidenten an seinen Kanzler.
2. Viele Herren in offizieller und hoher Stellung sind das, was man bei Damen »älter« nennen würde und leiden unter dem, was Damen erst im höchsten Alter Beschwerden bereitet: Schwerhörigkeit. Es fällt ihnen nicht leicht, Stimmen im allgemeinen Stimmengewirr auseinanderzuhalten. Sie sind party-taub, und dagegen hilft meist auch kein Hörknopf im Ohr. Ihr Beruf bringt es jedoch mit sich, daß sie sich viel in Menschenmengen mit Stimmengewirr aufhalten müssen. So bleibt ihnen nichts anderes übrig, als das Ohr zu recken, und der soll sich zum Teufel scheren, der sich darüber mokiert. Auch er wird älter werden.

Ist es unhöflich, leise zu sprechen?

Wenn man eine Rede hält: natürlich. Alles ist unhöflich, was Mitmenschen in eine unangenehme Situation bringt. Jeder Autofahrer ist unhöflich, der sein Auto so auf dem Bürgersteig abstellt, daß Fußgänger mit und ohne Kinderwagen keinen Platz mehr haben. Jeder Bundesbahnverantwortliche ist unhöflich, der die IC- oder D-Zugwagen so vor Senken oder am Ende eines Bahnsteigs halten läßt, daß ältere Menschen nur mit Mühe die unterste Stufe des Waggons erklimmen und das Gepäck kaum hochwuchten können. Und jeder Redner oder jede Rednerin ist unhöflich, der (die) so wispert, daß Zuhörer die Hand ans Ohr legen müssen. Freilich ist es manchmal der Gastgeber, der sich vorher keinen Deut um die Akustik im Saal gekümmert und es versäumt hat, dem Redner ein ordentlich funktionierendes Mikrophon hinzustellen. Oder die Zuhörer selber sind schuld, die sich in die hintersten Reihen verdrücken, weil sie schon eine halbe Stunde vor Schluß der Veranstaltung ihren Zug kriegen wollen. Aber das ist wieder ein anderes Kapitel.

Darf man mit den Händen reden?

Die klassische Gegenfrage lautet: Womit denn sonst? Im übrigen gibt es da ein Nord-Süd-Gefälle. In Skandinavien behält man lieber die Hände in den warmen Hosentaschen, und daß man ums Mittelmeer herum mit Leib und Seele redet, weiß jeder, der mal da war. Uns Menschen ist jedoch die Sprache gegeben, um unsere Wünsche und Absichten durch die Kraft des Wortes deutlich auszudrücken, und es gilt im allgemeinen als wohlerzogen, im Gespräch mit Worten auszukommen.

Wenn aber mit fremden Zungen gesprochen wird, verstärkt wohl jeder unwillkürlich das abstrakte Wort durch unmißverständliche Gesten. Dolmetsch hin, Dolmetsch her, einer der beiden Herren will den anderen keinesfalls im Zweifel lassen, daß es sich um zweierlei oder zwei handelt. Two. Deux. So wie Hassan II.

Wie küßt man richtig?

. . . mit Routine und locker in die Luft, wenn ein Star, Bob Hope, einen Star, Petula Clark, küssen muß, vor einem sogenannten Celebrity Dinner in London. Denn beide wissen, daß die Küsserei noch lange kein Ende haben wird und jeder Berühmte jeden Berühmten küssen muß, weil nur beim Küssen fotografiert wird; und wer nicht geküßt wird, ist nicht berühmt.

. . . mit »Augen zu« und geduldigem Lächeln, wenn man sich alle naslang dienstlich küssen lassen muß. In diesem Fall: Von der Deutschen Blumenfee, die den Bundesernährungsminister beim Deutschen Gartenbautag mit einem sichtlich holden Kuß beglückt.

P S: Müssen dienstliche Küsse erwidert werden? Ach, da möchte ich keinem den Spaß verderben!

. . . mit Schlafzimmerblick und sinnlicher Unterlippe, wenn man vorübergehend ständiger Begleiter der englischen Prinzessin Margret ist und zwischendurch einmal einen zärtlichen Augenblick mit der eigenen Frau genießt. Dieser Kuß besitzt keinen gesellschaftlichen Wert, sondern ist pure Eigenreklame. Alle sollen sehen, daß dieser Herr seinen Ruf wert ist.

. . . mit festem Griff und Gründlichkeit, wenn man seine Aufgabe so ernst nimmt wie Hermann Höcherl, der mit anderen deutschen Politikern zum Meinungsaustausch mit Filmschaffenden nach Bonn gekommen war. Übrigens: Die Geküßte war Maria Schell, und wenn Genscher, damals Bundesinnenminister, auch schadenfroh lacht, sie hat die Situation gemeistert. Wie? Na, gute Miene zum Schau-Spiel und danach Höcherl den Lippenstift vom Mund gewischt.

... mit Charme und Nasenstüber, wenn man, wie Prinzessin Diana, Gast im Land der Maoris ist und deutlich zeigen will, daß man das Land und seine Leute schätzt. Eine diplomatische Geste? Natürlich, aber das ist es ja gerade. Sich richtig zu benehmen, ist leicht. Das steht im Protokoll, und das müssen Leute aus Königsfamilien im Schlaf können. Der Nasenstüber aber stand sicher nicht im Protokoll und war gerade darum besser am Platz als jede korrekte Regel.

... mit Herzlichkeit und fest auf die Backe, wenn sich gute Freunde begrüßen, und dabei spielt das Geschlecht der Küssenden keine Rolle (mehr). Herr darf Dame küssen, Dame darf Herrn küssen und muß sich nicht zieren, wenn ihr ein Kuß naht. Einer umarmt dabei den anderen, so wie es kommt, und keiner küßt nur fürs Foto. Das ist dann nur Zufall und Schnappschuß.

... mit dramatischer Geste und mitten ins Gesicht, wenn es um den politischen Bruderkuß geht. Hier drücken sich die Küssenden gleichzeitig fest und für alle sichtbar die Hände. Dieser Kuß befremdet immer noch, weil er in unseren Breiten wenig üblich ist.

Kuß und Umarmung unter Männern ist als Gruß uralt, und daß er von jeher seine Tücken hatte, weiß man seit Judas. Der Bruderkuß ist eine jener fremden Sitten, die wir durch das Fernsehen kennenlernten. Sein eindrucksvollstes Beispiel ist der Kuß im Kreml, mehrmals auf beide Wangen und in die Luft.

Alle Beispiele zeigen, wie sehr sich die Zeiten geändert haben. Noch vor einer Generation galt in Deutschland: Der Kuß als Begrüßung ist schlechtklassig und wird von Menschen mit Kultur in der Öffentlichkeit vermieden.«

Im März 1985 küßte jedoch ein Straßenräuber eine alte Dame in Baltimore, die bei seinem Griff nach ihrer Handtasche umgekippt war und gejammert hatte: »Ich bin doch schon gestern überfallen worden!« Er stellte die Frau wieder auf die Beine, gab ihr die Handtasche zurück und entschwand. »Das«, bemerkte die alte Dame, »war doch beste Erziehung!« Na bitte, mit Küssen kann man wirklich viel erreichen.

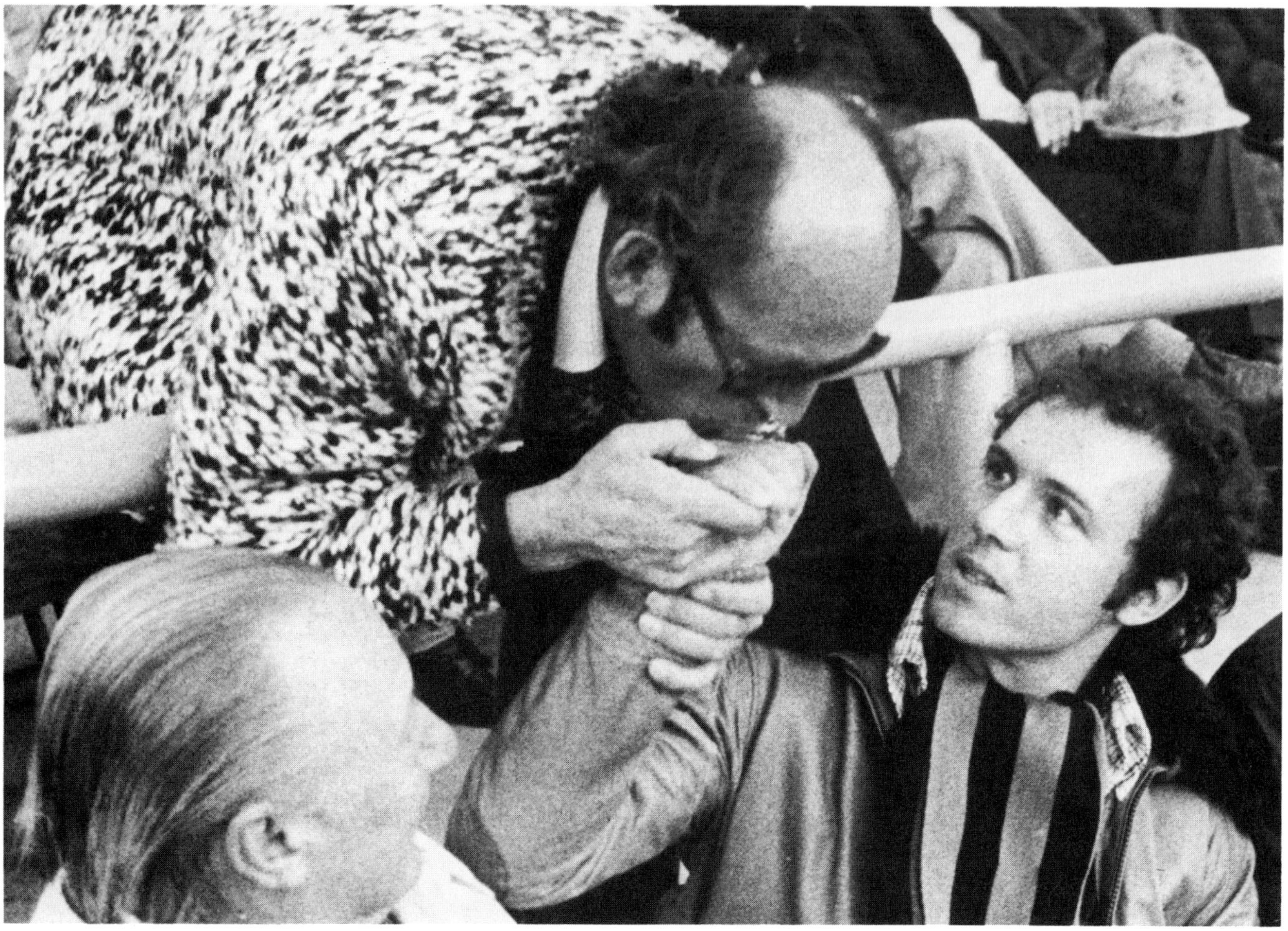

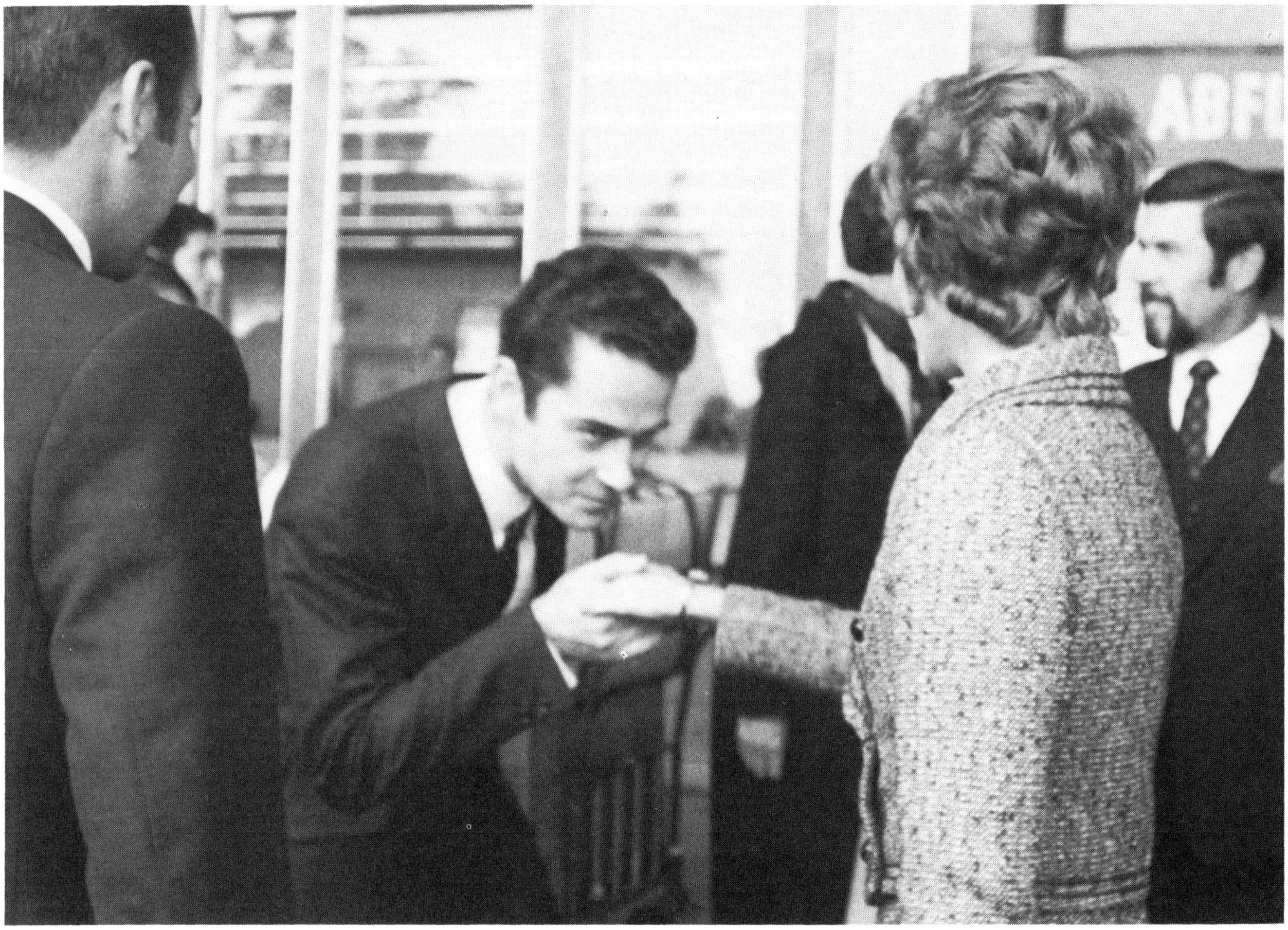

Darf man unter freiem Himmel Hände küssen?

Der arme Handkuß! Was regt man sich über den immer noch auf! Er scheint eine Art letztes Symbol des Ancien régime zu sein, und obwohl die erste Szene in den modernsten Kulissen unserer Zeit spielt, bekommt die Königin – aus einer der älteren Dynastien – die Hand nach alter Art geküßt. Handkuß als Zeichen der Verehrung. Ob da nun ein junger Mann die junge Frau verehrt oder ein nicht so Hochstehender eine Allerhöchste, und ob die beiden ein Dach deckt oder – falls nein – das Vordach des Flughafens protokollarisch als Dach gilt oder nicht – was soll's? Es wird geküßt, und da die Königin offensichtlich nicht protestiert, ist alles so, wie wir es auch tun könnten, wenn wir jemanden vom Flughafen abholen, den wir verehren. Dabei gilt ein Grundsatz unter Erwachsenen: Herr küßt Dame.
Deshalb ist Franz Beckenbauer zu Recht verblüfft, als er von einem Verehrer mit einem Handkuß bedacht wird. Aber wir erleben ja immer wieder, daß gerade der Fußball bestehende Sitten verändert.

Darf man in der Öffentlichkeit Händchen halten?

»Zurschaustellung privater Gefühle«, schon der Ausdruck verrät die tiefe Mißbilligung, die eben diese Öffentlichkeit dafür übrig hat. Sie will, daß ihre Vertreter erwartungsgemäß funktionieren. (Einmal im Jahr allerdings, während der Sauregurkenzeit, darf gotteslästerlich geflucht werden. Da kann man dann in Tageszeitungen nachlesen, was in Politikerkreisen in Bayern noch als mannhafte Anrede, in Bremen oder Frankfurt jedoch als schwere Beleidigung gilt oder umgekehrt.) Ältere Ehepaare in politischen Berufen bilden jedoch insgesamt eine Ausnahme. Es wird ihnen gestattet, moderate Zuneigung zu verraten, ja es tut ihrem Image und insgesamt dem Bild der Familie wohl, wenn sie dieses und jenes Hand in Hand verrichten. Zum Beispiel durch den Garten wandeln. Oder wenn, wie hier, der eine dem anderen so liebevoll aufs Podium hilft wie durchs ganze Leben. Die Reagans haben in den USA nicht nur den Rang des Ehestandes wieder aufpoliert, sie haben auch bewiesen, daß Eheglück und politische Karriere mit guten Manieren vereinbar ist. Lobend erwähnt wurde dieser neue Stil von Marjabelle Stewarts, der Besitzerin von 480 Schulen für feine Lebensart, im »Time-Magazin«: »Daß Präsident Reagan gute Manieren hat, ist einer seiner großen Vorzüge. Er zeigt uns, daß man nett zur eigenen Frau sein kann und nicht verlegen wird, wenn sie einen bewundert. Das ist ein fabelhaftes Beispiel amerikanischer Umgangsformen.«

Darf man in der Öffentlichkeit schmusen?

Ein Bild, das jeder aus allen Städten des nördlichen Europas kennt. Was nutzt es also, wenn ich sage: Nein!? Die jungen Leute werden es weiter tun, und wer nichts davon hält, gilt als verstaubtes Relikt aus dem vorigen Jahrhundert. Altmodisch, lächerlich. Von der Wirklichkeit überholt. Und trotzdem sage ich: Es gibt eine Grenze zwischen dem privaten und dem öffentlichen Leben. Mein Nein hat nichts mit Prüderie zu tun und genauso wenig mit Verlogenheit oder Heuchelei. Wer sich liebt, soll sich lieben, so gut er's versteht. Aber der Mensch ist kein Tier, das sich am Straßenrand beschnuppern läßt. Ich halte weder etwas davon, Kinder durchs Vormachen aufzuklären, noch Zuneigung

durch sexuelle Turnübungen auf städtischen Rasenflächen zu demonstrieren. Das schockt keine Laus mehr, denn in unserer permissiven Gesellschaft brauchen diese Tore nicht mehr aufgestoßen zu werden. Sie stehen seit Jahren sperrangelweit offen. Aber die Schmuserei trifft und beleidigt die Zukurzgekommenen, die Einsamen, die keinen zum Schmusen haben. Es bedeutet für sie: »Sieh her, wen ich aufgerissen habe! Ich, ich, ich habe wen!« Und damit sagt es jedem anderen: »Dich will keiner! Du bist ein Versager auf der ganzen Linie!« Die Provokation trifft also die Falschen, und das ist primär unbedacht und in der Folge angeberisch und taktlos.

Wann soll man seinem Mann den Daumen halten?

Auf dem Bundespresseball ist es eigentlich nicht nötig, denn so blank auch das Parkett sein mag, die Gefahr, daß wer ausrutscht, ist geringer als an anderen Orten. Sollte Frau Kohl nur den Daumen ihres Ehemannes ergriffen haben, weil es – wie meist auf großen Bällen in geschlossenen Räumen – zu heiß war, so könnte man an die praktische Sitte der Ballhandschuhe erinnern, die man früher eben dieser Schwitzhände wegen trug. Das war erstens für beide Partner angenehm, denn echten Walzer oder Samba tanzen regt den Kreislauf kräftig an, und zweitens schont dieses Accessoire die Gewänder der Damen, genauer gesagt: die Partie am hinteren Rücken, auf der die Hand des jeweiligen Tanzpartners ruht. Damen in hellen Kleidern, die eine ganze Nacht durchtanzt haben, können nämlich im Licht des nächsten Morgens feststellen, wie schmutzig nackte feuchte Finger sind. Ballhandschuhe: Nicht alles ist elitär, was so wirkt. Manches ist schlicht und einfach praktisch.

Darf man einem anderen im Gesicht herumfummeln?

Wie kommt denn der dazu? In fast allen Kulturen ist das Antlitz ein Tabugebiet. Jemandem ins Gesicht zu greifen, fordert Abwehr, zumindest aber Empörung heraus. Jemanden am Kopf zu kraulen, wie es im Märchen der Bär von Schneeweißchen und Rosenrot verlangt, bedeutet, mit ihm die intimsten Beziehungen aufzunehmen. Im Märchen wird also zu Recht gekrault, weil der Bär ein verzauberter Prinz ist, aber wenn Jawaharlal Nehru auch manchem wie ein indischer Prinz vorkam, so darf er der damaligen Mrs. Kennedy nur im Gesicht herumtupfen, weil gerade Holi ist, das Fest der Farben, bei dem man sich auf diese Art und Weise Glück und Segen wünscht. Und deshalb darf auch Mrs. Kennedy in die Farbe greifen und tupfen. Nehru gefiel's, wie man sieht.

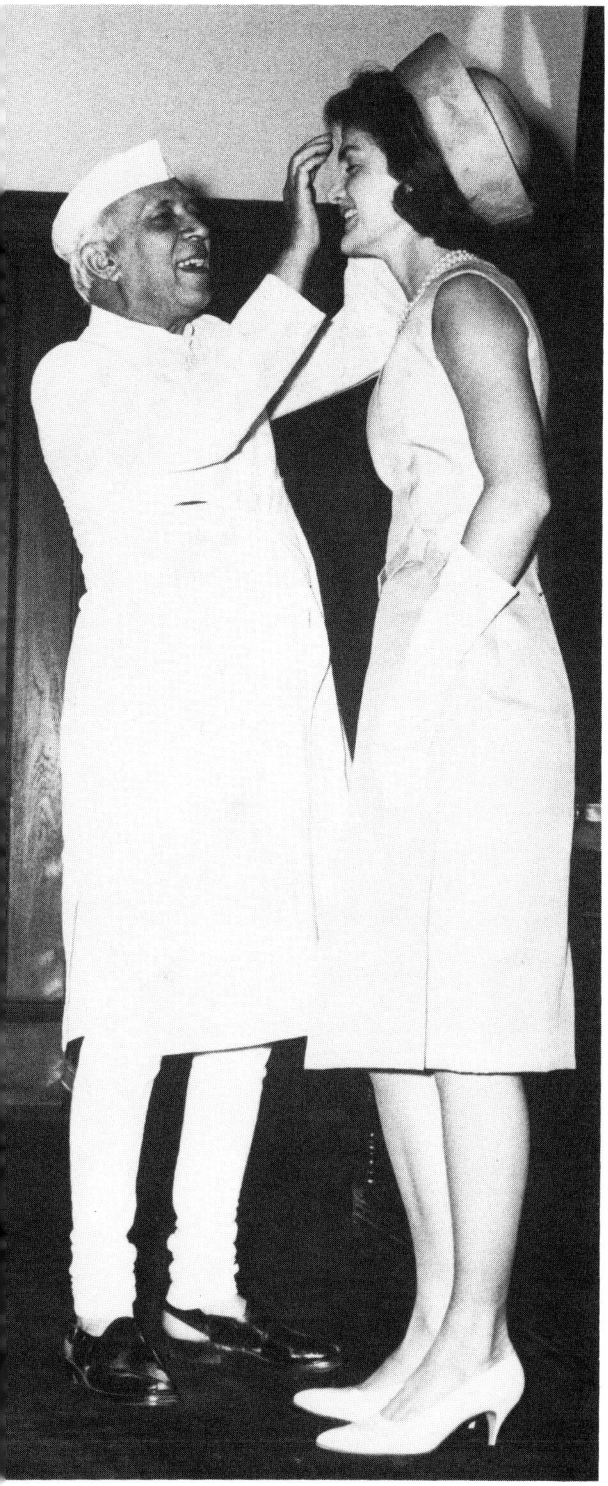

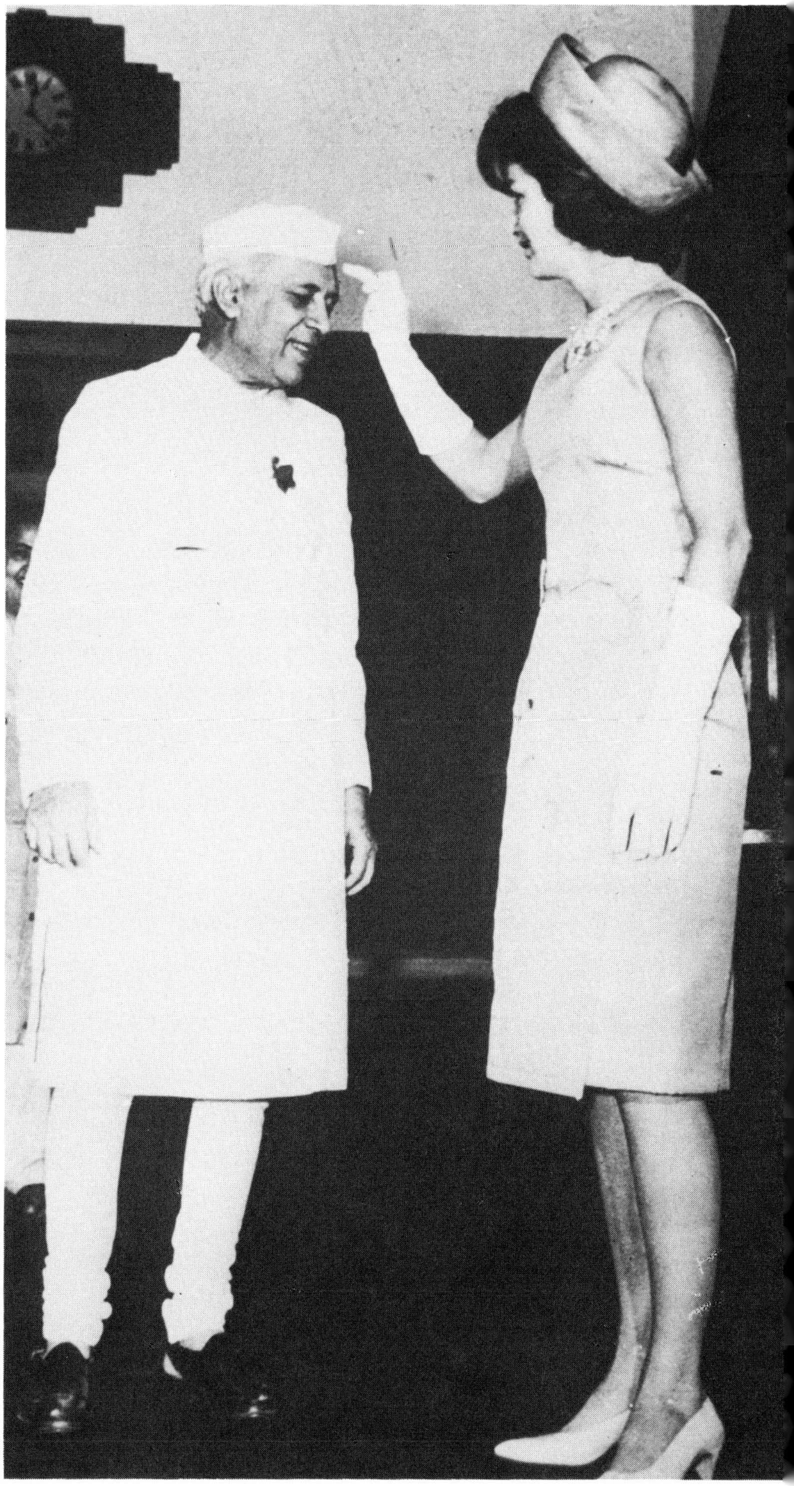

Müssen Gäste barfuß laufen?

Keine Angst! Nichts und niemand zwingt uns, an der Wohnungstür die Schuhe auszuziehen. Und selbst die Königin von England behält gewöhnlich die Schuhe an, wenn sie das Haus ihrer Gastgeber betritt. In diesem Fall werden ihr zwar die Straßenschuhe ausgezogen, sie muß aber nicht mit so nackten Füßen weiterlaufen wie der indische Herr, sondern bekommt ein Paar spezielle Laufsocken übergestreift. Es handelt sich nämlich um den Besuch in der Gandhi-Gedenkstätte in Delhi.

P S: Wer seine Teppiche schätzt und liebt, beäugt Schnee- und Matschfüße seiner Gäste ebenso mißmutig wie dicke Gummisohlen, die den Flor von kostbaren Persern in einem einzigen Winter so schnell abrasieren, wie es 100 Jahre sachgemäßes Betappen nicht geschafft haben. Trotzdem schickt es sich nicht, Gästen an der Haustür Pampuschen aufzuzwingen. Höfliche Gäste benutzen dagegen bei Schmuddelwetter Galoschen oder ähnliches. Und wer trägt schon bei Abendeinladungen dicke Gummisohlen! Also wirklich!

Darf man sich in der Öffentlichkeit kämmen?

Für Damen wie für Herren gilt das Nein. Nur: Wo hört heute die Öffentlichkeit auf? Privat ist es dort, wo kein Blitzlicht blitzt, Öffentlichkeit wird also von den Linsen der Kameras definiert. Die Medien zwingen dem Protokoll und den Vertretern unserer Republik neue Regeln auf. So wissen unsere Volksvertreter, daß sie sich ständig in der Öffentlichkeit befinden, und dieser Öffentlichkeit wollen sie selbstverständlich ein ordentliches Bild bieten. Politische Damen püstern sich des Morgens die Frisur mit Haarspray so fest, daß sie wie eine Eisprinzessin Pirouetten drehen und im scharfen Wind der Hubschrauberrotoren und Automatiktüren stehen können, ohne daß sich ein Löckchen rührt. Oder sie werfen einfach die Strähnen lässig über die Schulter. Herren, die noch nennenswerte Haare haben, müssen sich flink zwischen Auto, zugiger Halle und Grundsatzdebatte kämmen und glätten. Keine Zeit, sich der Frisur wegen einen Augenblick zurückzuziehen. Und das alles ohne Spiegel! Schon dieses Kunststücks wegen dürfte keiner etwas dagegen einzuwenden haben, daß Männer nicht als Struwwelpeter auftreten möchten, zum Beispiel bei dem Interview in den heutigen Abendnachrichten.

Wie trägt man ein Toupet?

Locker und ehrlich. Und man läßt keinen Zweifel daran, daß man ein Toupet trägt. Denn wenn man auch nichts sehen kann, wie die Hersteller von Toupets versichern, so weiß man doch, daß Haare auf einem kahlen Schädel nicht von alleine und über Nacht gesprossen sein können.

Das alles gilt zumindest für einen alten Schauspieler wie Curd Jürgens. Er beherrschte auch die Rolle des alten Schauspielers, der mit seinem Toupet ebenso kokettierte wie mit «kein bißchen weise». In Wahrheit kann nur der Weise mit weißen Locken machen, was er will, ohne sein Publikum zu vergraulen.

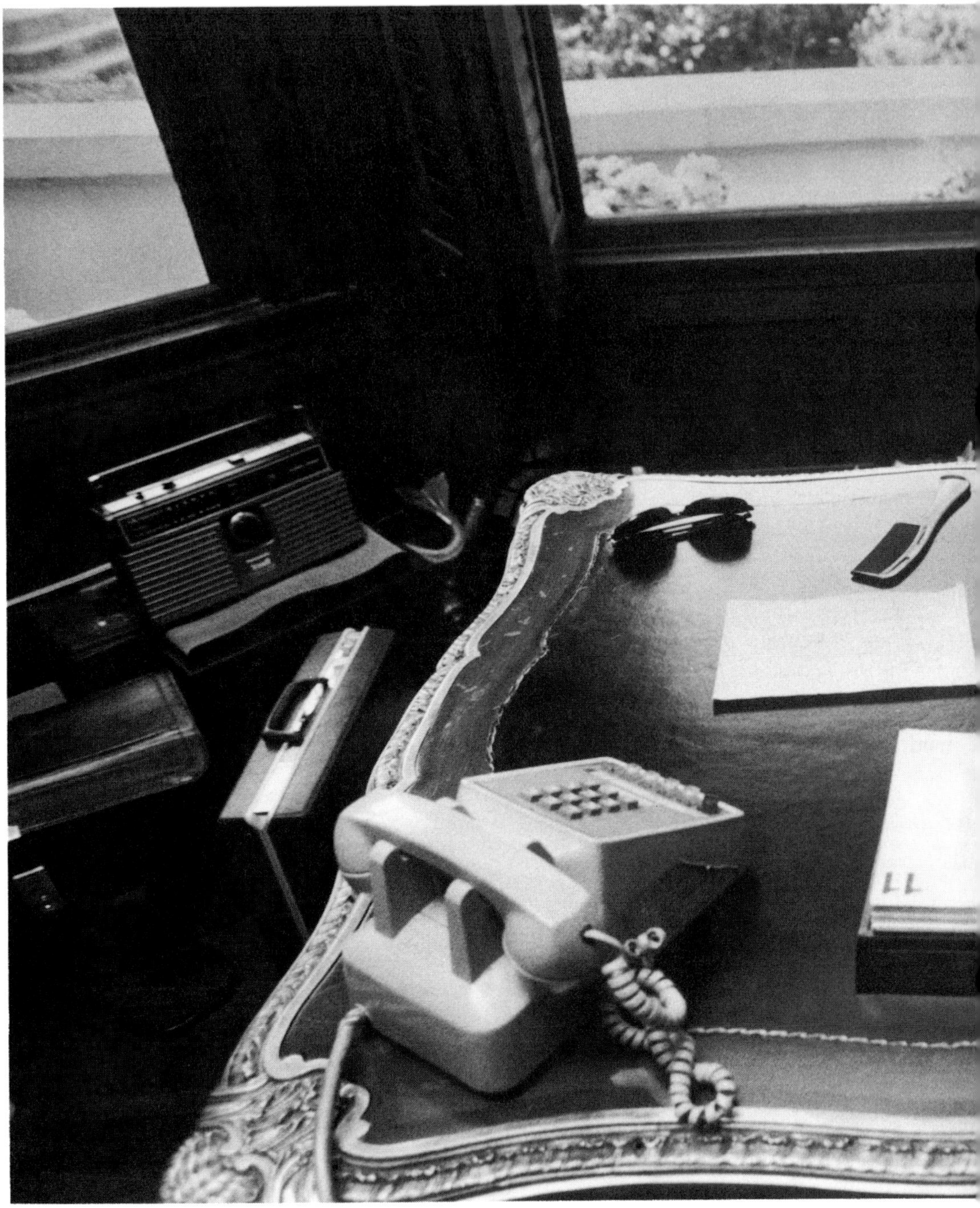

Gehört der Kamm auf den Schreibtisch?

Wenn man im Schreibtischsessel schläft und den Schreibtisch nicht als Schreibtisch, sondern als Arbeitstisch benutzt, ist das keine Frage. Auf den Arbeitstisch gehört das Arbeitszeug, und das besteht bei diesem Herrn aus Telefon und Terminkalender, aus Sonnenbrille und Kamm. Das Schriftliche sind wohl Rechnungen und Verehrerpost, aber das erledigt er wahrscheinlich nicht selber, sondern läßt es bearbeiten. Also gehört entweder der Sekretär

an den Schreibtisch (ohne Kamm auf der Tischplatte), oder es müßte gar kein Schreibtisch sein. Aber ein Schreibtisch, besonders dieser Art, ist halt wunderschön und schmückt jedes Abbild seines Besitzers. Schließlich benutzen viele Erfolgreiche alte Möbel anders, als sie gedacht waren und richten sich Kirchenstühle als Bar ein und Nachttopfkästen als Plattenschränkchen. Warum also nicht ein *bureau plat* als Kammablage? Groß genug ist es ja.

Darf sich ein Herr so was erlauben?

Ja, was denn? Dieses Foto hört an der spannendsten Stelle auf, und wenn ordentliche Pressefotos nicht immer einen erläuternden Text auf der Rückseite hätten, wüßte die Nachwelt nicht, worauf die beiden mit den Fingern deuten. Es ist das Gipsbein der Leichtathletin, an dem der damalige Bundesaußenminister Hans-Dietrich Genscher so interessiert ist, daß auch er es kurz darauf mit einem Autogramm zierte. Aber es geht in diesem Fall weder um die Zeigefinger, noch um ein weißes Gipsbein auf dem Ball des Sportes, sondern um den Hemdenknopf des Herrn, kurz über dem Hosenbund seiner Smokinghose. Das ist für alle, die sich im Dienste des Vaterlandes durch zu viele Arbeitsessen und durch zu wenig körperliche Betätigung die Taille ruiniert haben, der kritische Knopf. Er hat viel auszuhalten, und dieser hier hat kapituliert. Das ist es, was ein Herr einem Knopf eigentlich nicht erlauben sollte. Was tun? Die Figur wird sich kaum ändern lassen. Also muß man vielleicht das Knopfloch enger nähen. Oder sich ein neues Hemd kaufen.

Wie faßt man eine Demonstrantin an?

So wie dieser junge Frankfurter Ordnungshüter ganz gewiß nicht. Zwar ist es erfreulich, daß es auch bei Demonstrationen zu direkten Kontakten zwischen Ordnungshütern und Bundesbürgern kommt, doch sollten dabei die erogenen Zonen ausgespart werden, um beim Gegenstand der Berührung und beim Betrachter der Pressefotos Mißverständnisse auszuschließen. Denn obgleich sich nach dem Zweiten Weltkrieg die Regeln erheblich gelockert haben, die es früher keinem Herrn gestatteten, einer Dame in der Öffentlichkeit auch nur die Hand auf den Arm zu legen, setzt der Griff zur Brust auch heute noch eine Vertrautheit voraus, die in diesem Fall nicht gegeben und deshalb tunlichst zu vermeiden ist, soll der Ruf der jungen Dame nicht in Gefahr geraten.

Wie steht der Herr?

So wie der frühere Gott und Kaiser von Japan, mit geschlossenen Beinen und leicht parallel gestellten Füßen. Ungezwungen, locker und mit dem für eine Audienz passenden Gesicht, das nichts als verbindliche Freundlichkeit zeigt. Gast und Gastgeber tragen den gleichen Anzug, den Cut, den man unter anderem bei Staatsempfängen trägt. Zur einreihigen Jacke des Gehrocks, dem die Vorderseiten abgeschnitten, *cut away*, sind, gehört eigentlich eine helle Weste, eine uni graue Krawatte und eine grau-schwarzgestreifte Hose. Der japanische Gastgeber hat sich mit vollendeter Höflichkeit genauso gekleidet, wie es den strengen europäischen Garderobenvorschriften entspricht.

Müssen Herren Damenhandtaschen tragen?

Wenn sich sonst keiner findet, sicher. Weiß der Himmel, wozu eine Königin überhaupt eine Handtasche mit sich herumschleppen muß: Hausschlüssel braucht sie doch eigentlich nicht. Paß vermutlich auch nicht. Autopapiere? Fährt sie denn selbst? Also höchstens Lippenstift und Puderdose. Ob das nicht eine Hofdame transportieren könnte? Wie auch immer, die Majestät hat stets eine schöne große Mamitasche bei sich, doch wenn sie dem ersten und zweiten Bataillon des Grenadierregiments der Foot Guards neue Fahnen übergibt, muß die Queen die Hände für die Zeremonie frei haben, ergo ihre Tasche irgendwo lassen. So wird sie vor der Übergabe der Fahnen einem

Oberstleutnant übergeben, der sie nach der Übergabe der Fahnen wieder der Königin übergibt, obgleich es auch in Großbritannien nicht üblich ist, zur Paradeuniform eine Damenhandtasche zu tragen . . .
. . . noch zu Cut und dunklem Mantel, den die Familienangehörigen und Freunde tragen, während die Damen in der Westminster Abbey einen Kranz zum Gedächtnis von Sir Winston Churchill niederlegen. Aber da auch diese Damen die Hände für den Kranz frei haben mußten, blieb Sir Christopher Soames, dem Mann von Lady Soames, geborener Churchill, auch nichts anderes übrig, als zur Tasche zu greifen.

Dürfen Damen im Herrenstil sitzen?

Wer von beiden ist denn die Dame? Sehen wir einmal von dem unvergleichlichen Antlitz der Dietrich ab, was, außer dem Hut, unterscheidet sie von Maurice Chevalier, mit dem sie so einträchtig und kollegial die Treppenstufe teilt? Da sie sich wie ein Herr kleidete (was damals noch als gewagt galt und eigentlich nur Schauspielerinnen und Mädchen der obersten Gesellschaftsklassen als künstlerische oder jugendliche Exzentrizität zugestanden wurde), benimmt sie sich auch wie ein Mann, sitzt breitbeinig da, raucht wie ein Schlot, schnippt mit dem Finger, wenn wer Flottes vorübergeht. Denn um dieser und anderer Freiheiten willen schlüpfte ja schon George Sand vor 150 Jahren aus der Krinoline und in die Pantalons. Wer in Röcken blieb und trotzdem die Beine spreizte, bekam mit auf den Lebensweg: »Wer so sitzt, mein Kind, kriegt keinen Mann!« Darüber lachen heute die Hühner, und frau fragt zurück: »Ist das eine Drohung oder ein Versprechen?« Trotzdem: Es gibt gewiß noch heute Familien und Gegenden, in denen man die Sittsamkeit des Weibes daran mißt, wie es sitzt und geht und steht. Das aber darf man nicht den Frauen ankreiden, und sie deshalb sitzen lassen sollte man in keinem Fall.

Darf eine Dame auf den Tisch steigen?

»Wenn sie das tut und dann Cancan tanzt, ist sie keine Dame!« hätte mein Großvater gesagt, und da haben wir ein klassisches Beispiel des Fortschritts. Heute pfeifen die meisten Frauen darauf, als Dame bezeichnet zu werden, und selbstverständlich steigen Frauen auf Barrikaden und Tische, wenn es sich so ergibt. Außerdem tragen sie dann Hosen, so daß der Witz für die Herren perdu ist, denn von unten kann keiner mehr irgendwas sehen. Die Abgebildete trägt allerdings einen Rock, und vermutlich versteht sie sich als Dame. Sie heißt mit Mädchennamen Tina Onassis, hat Geburtstag und läßt sich feiern. Da dürfen Damen auf Tische klettern, damit das Geburtstagsvolk sie auch aus der Ferne gut sehen kann. Und daß das Geburtstagskind den Rock rafft, hat nichts mit Cancan zu tun, sondern mit dem Wein, der ihr beim Gratulieren über die Kleider geraten ist. Das kann schließlich jedem passieren.

Dürfen Damen unter Tische kriechen?

Natürlich. Denn zur Dame gehört, daß ihr alles erlaubt ist, wenn sie es mit Anmut und Haltung vollführt. Und wenn eine Dame nicht wie eine Dame behandelt, sondern aufs äußerste belästigt wird – warum soll sie nicht unter einen Tisch kriechen, um ihre Ruhe zu haben?

Die Frage müßte also lauten: Darf man Damen jagen? Mit Mikrofon und Kamera?

P S: Die Dame auf dem Foto ist Marlene Dietrich, die für die Fotografenmeute eine Schauspielerin spielt, die sich vor der Fotografenmeute unter einen Tisch versteckt.

Auf diese Art und Weise sieht der Leser, wie Tische in einem der teuersten Nachtclubs der Welt (Rainbow Room Restaurant, New York) von unten beschaffen sind.

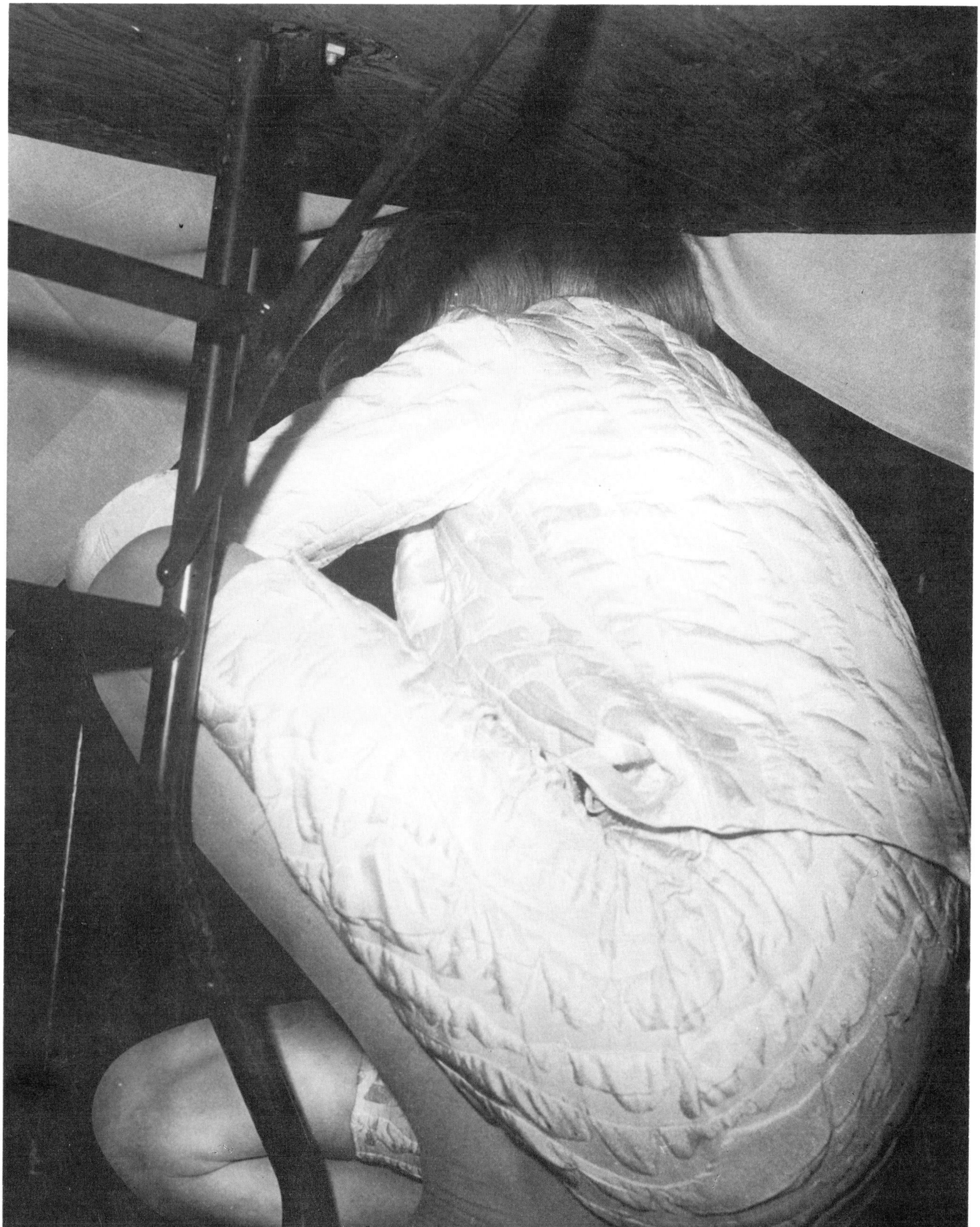

Was tut eine Dame, wenn sie auf eine andere Dame im gleichen Dior-Kleid stößt?

Lächeln. Eisern und unablässig lächeln, auch wenn sie innerlich kocht und die andere und erst recht Dior erwürgen möchte. So wie es Gina Lollobrigida und Liz Taylor taten, als sie sich bei den Moskauer Filmfestspielen, beim Staatsempfang der damaligen stellvertretenden Kultusministerin E. Katherina Furzewa gegenüberstanden: Spiegelbilder im sündhaft teuren angeblichen Modellkleid von Dior. Eine der beiden Schauspielerinnen hatte ihr Modell, womit man ein Kleid bezeichnet, von dem es kein zweites Stück gibt, direkt bei Dior in Paris gekauft, die andere bei Max Hess in Pennsylvanien. Max Hess schäumte übrigens mehr als die Damen und wollte Dior verklagen. Die Klage war natürlich ein Treppenwitz. Für die beiden Damen war der Abend längst gelaufen.

Was trägt eine Dame zum langen Abendkleid?

Entweder einen ebenfalls bodenlangen Mantel oder eine Jacke. Oder sie friert auch im tiefsten Winter tapfer für Schönheit und Stil und wirft sich nur ein Tuch, gern Stola genannt, um die nackten Schultern. Aber nie und nimmer einen normal langen Mantel, unter dessen Saum ein kümmerliches Stückchen Abendkleid und dazu noch Riemchensandaletten hervorschauen. Da hülfe es auch nicht, wenn der Mantel aus Zobel wäre oder – wie auf dem Foto – aus so etwas ähnlichem wie Nerz. Prinzessin Margaret hat gewiß ein nettes Abendcape, notfalls aus Samt, im Schrank. Hat ihre Zofe geschlafen? Viele Damen und Herren, die in der Öffentlichkeit leben, belastet es sicher, daß sie – ob es ihnen paßt oder nicht – etwas vertreten müssen, das größer und würdiger, auf jeden Fall aber bis heute beispielstiftender ist als die betreffenden Damen und Herren selber. Schon das ist nicht leicht zu verkraften, und Angehörige der noch amtierenden Königshäuser können sich auch nicht wie Politiker damit trösten: »Nur eine Wahlperiode, dann bin ich wieder Privatmann!« Wenn sie nicht gestürzt werden, müssen sie ihr Leben lang in einer Welt, die nichts mehr von Königinnen hält, als lebende Musterbeispiele umherwandeln. Es geht also gar nicht um diesen oder jenen Mantel. Kleidung besitzt insgesamt einen starken Signalcharakter, und »falsche« Kleider können so lächerlich machen wie nichts sonst. Wie soll schließlich jemand lernen, wie man sich sonst dem Anlaß entsprechend kleidet, wenn ihm die Leute da oben wie die Karikaturen ihrer selbst erscheinen? Kleider machen Leute, daran hat sich nichts geändert. Höchstens die Leute.

Warum haben Königinnenkleider Blei im Saum?

Man sieht es ja: des Windes wegen. So reizend weiblich es wirkt, wenn die Königin der Niederlande um Standfestigkeit ringt: Sie hat ein anderes Verhältnis zu Röcken und Windstößen als, sagen wir, Marilyn Monroe es hatte. Königinnen sollen auch auf Fotos königlich aussehen, und da Königinnen fotografiert werden, wo sie gehen und stehen, darf höchstens einmal ein Mantelsaum wie jener der Königin von England leicht in der Brise vor ihr herflattern, mehr als Ehrenstandarte denn als menschliches Gewand.

Müssen Damen Unterröcke tragen?

Damals war die Dame ein schlichtes Mädchen, das in schlichten Baumwollröcken zur Arbeit in den Kindergarten ging. Keiner kümmerte sich um Fräulein Diana, und da in England angeblich immer schlechtes Wetter herrscht, geriet das Girl nur selten ins Gegenlicht und damit in die Gefahr der Bloßlegung ihrer Beinverhältnisse. Heute ist sie erbarmungslos den Blitzlichtern ausgeliefert und kommt nicht ohne Unterrock aus. Deshalb ist dieses Bild so etwas wie ein Symbol ihres Abschieds vom alten Leben. Vorbei, vorbei die kleine Freiheit der Kindergärtnerin, die einfache Laura-Ashley-Röcke tragen konnte. Unterdessen starren ihre alle auf Busen und Beine, und es soll sich eben keiner etwas dabei denken können.

Das hat mit Länge und Schönheit (der Beine) nichts zu tun. Auch Sophia Loren ist von Kopf bis Fuß wohlgestaltet, was man aus vielen Filmen weiß. Doch für die Mutterrolle muß unter dem Wölkchen von Voile ein züchtiges Unterkleid vorhanden sein – um gerade so viel, wie zufällig, verrutscht, daß der Zuschauer es bemerken und das goutieren kann, was dann doch hervorblitzt. Aus solchen Kleinigkeiten setzen sich die unterschiedlichen Regeln zusammen, denen die Königinnen des Films und der Wirklichkeit gehorchen müssen – und wir können unsere Konsequenzen daraus ziehen.

Wie weit dürfen Damenkleider ausgeschnitten sein?

Das hängt vom Zustand dessen ab, was dadurch sichtbar wird. Wenn wie hier bei der diamantenbeschwerten Dame vom Fernsehen eine ziemlich faltige Angelegenheit zutage kommt oder wie bei der Kollegin vom Film die Schleife den Durchhang kaum stoppen kann, sollte man dem eigenen Spiegel mehr Glauben schenken als den jüngsten Standfotos. Denn da beide Damen Profis im Showbusiness sind, müßten sie wissen, wieviel Kunst nötig ist, um ihre Körper für die Kamera zu voller Schönheit aufzubereiten. Ohne diese Anstrengungen haben sie die gleichen Probleme wie alle anderen gewöhnlich sterblichen Damen. Ein Rat am Rande: Zu viel Schmuck kaschiert auch nicht, sondern macht alles nur noch schlimmer.

Was macht eine Dame, wenn ihr der Hut hochgeht?

. . . sie läßt ihn festhalten. Zu irgend etwas müssen ja auch Hofdamen gut sein, und diese ist sehr gut, weil: rascher als der Wind. Dank ihrer Geistesgegenwart blieb Ihre Majestät, die Königin der Niederlande, korrekt bedeckt und konnte ihrem Gast, dem deutschen Bundespräsidenten, Richard von Weizsäcker, weiter zum Abschied winken.

Gehört der Hut zur Dame oder: Mit wieviel Gepäck soll eine solche reisen?

Das brauchte Marlene Dietrich noch nicht zu kümmern. Als sie sich 1930 nach Amerika begab, reiste man per Schiff, trug Hut, besaß mannshohe Kabinen- und Schrankkoffer und rief den Gepäckträger. Heute können Damen und Herren, Kinder und Greise rufen, bis sie heiser werden und ihnen der Hut hochgeht. Es kommt keiner, und die Kofferkulis stehen entweder nicht auf dem Bahnsteig, auf dem man ankommt, oder sie kosten auf fremden Flughäfen das ausländische Kleingeld, das man noch nicht eingewechselt hat. Also dienen Marlenes Kabinenkoffer längst als Mottenkisten für Sommer- oder Winterkleider, und die Enkel haben sich Leichtgepäck gekauft und tragen Omas Hüte zum Fasching. Man reist mit so viel, wie man selber schleppen oder auf eingebautem Wägelchengestell rollen kann.

Tragen wir nun keine Hüte mehr, weil man neben allem anderen nicht auch noch mit drei Hutschachteln zurandekommt? Oder weil so berufstätige Mädchen wie einst Marlene heutzutage keine Hüte brauchen? Es scheint: Der Gepäckträger war der Mörder. Der Mörder der Dame mit Hut und Gepäckgebirgen.

M.D.
PARIS
M.D.

Darf man auf die Blumen treten, die einem vor die Füße gestreut werden?

Eigentlich ja, weil sie nur aus diesem Grunde gestreut worden sind. Auf Blumen wandeln wie im Glück, das soll die Braut auf dem Umweg über den Altar im ganzen Leben; das soll die Königstochter, auch wenn sie noch nicht gekrönt ist. Jeder weiß, daß unsere Wege steinig sind und auch Blumen nichts daran ändern können. Trotzdem werden Blumen gestreut wie eh und je. Vielleicht auch, weil sie so ein deutliches und unmißverständliches Symbol darstellen. Blumen: der Überschwang der Natur, der Überschwang der

menschlichen Gefühle. Natur. Natur? Leben. »Halt!« sagt die Königstochter und legt ihrem Prinzen die Hand auf die Brust. Und er bleibt stehen und nimmt den Fuß von der Nelke. Wer hat sich zuerst gebückt, um die Blumen aufzuheben? Das Foto verrät es nicht, aber es beweist, daß sich unser Verhältnis zur Natur bis hin zu den Streublümchen geändert hat. Selbst Königskinder wollen nicht mehr in Blüten waten, sondern Pflanzen bewahren und lassen nicht aufheben, sondern bücken sich für diese Zwecke selbst.

Dürfen sich Monarchen gehen lassen?

Ach, wenn das die einzige bohrende Frage gewesen wäre, mit der sich die jungen Leute herumschlagen müßten! Dies ist ein Bild der Anmut, und schon Oscar Wilde, einer der Briten, die durch eigenes Genie weltberühmt wurden, hat gesagt: »In allen wesentlichen Dingen kommt es auf den Stil an.« Schönheit rechtfertigt vieles, und die Erschöpfung nach einer Jahrhunderthochzeit den Rest. Hoffotograf Lord Patrick Lichfield hatte nach der Rückkehr des Brautpaares in den Buckinghampalast am Hochzeitstag einen Termin für die offiziellen Fotos angesetzt. Er knipste und knipste, die Braut allein, die Braut und den Bräutigam, das Brautpaar plus Familie, das Brautpaar und die Brautjungfern, das Brautpaar und die königlichen Gäste, und das alles mehrmals in Farbe und Schwarzweiß. Schließlich rief er: »Jetzt ist Schluß!« und alle kleinen und großen Lords und Ladys und Herren und Damen »lockerten aufatmend ihre Haltung«, und dann drückte Lord Lichfield noch einmal auf den Auslöser. Dabei kam dann dieses vergnügliche Bild heraus: »Das Brautpaar mit seinen Brautjungfern und Pagen« lautet der Text zu diesem nun nicht mehr offiziellen Foto. Faruk, der gestürzte König von Ägypten, soll gesagt haben: »Es gibt nur fünf Könige auf der Welt, die Bestand haben werden. Die vier Könige im Kartenspiel und das Königshaus von England.« Ein harter Job, diese Rolle zu übernehmen. Wer durchhalten will, wird sich unsere Frage gar nicht mehr stellen. Oder er überläßt den anderen vier Königen die Alleinherrschaft über die Welt.

Dürfen Königinnen gähnen?

Bei Königs gehört die elegante Bewältigung der zeremoniösen Langeweile zum Job, denn König und Königin ist man auf Lebenszeit, während Politiker eine zumindest theoretisch begrenzte Amtszeit haben und außerdem nicht immer nur repräsentieren müssen. Der belgische Monarch und seine Frau tragen das passive Antlitz derer zur Schau, die es gewohnt sind, Ansprachen in einer Sprache über sich ergehen zu lassen, die sie entweder gar nicht oder höchstens bruchstückweise verstehen. Wer seit Kindesbeinen Ansprachen gehört und erwidert hat, weiß schließlich, was man dabei zu erwarten hat. Also: höfliches Königsface anlegen, auf dem je nach Länge des bereits erledigten Programms trotz aller Contenance ein Hauch Müdigkeit durchschimmert. Das macht Monarchen menschlich.

Während bei einer anderen Fürstenhochzeit Braut und Bräutigam noch einmal und sicher noch einmal für alle Fotografen lächeln, spielen die Blumenkinder einträchtig im Kies. Die kleinsten vollkommen versunken und selbstzufrieden, ein Knabe noch nicht ganz entschlossen, ob er sich die weißen Escarpins (jetzt schon!) verdrecken darf, ein Mädchen mit mißtrauischem Blick in die Reaktionen der Erwachsenenwelt, das älteste Mädchen bereits im Einverständnis mit dem, was geschieht, und voll Freude am Festlichen. So wächst der Mensch in seine Welt. So prägen sich Formen ein. Manche kann man genießen, andere sind eben fad.

Darf man eine Braut auf dem Weg zum Altar aufhalten?

Wenn sie so wenig sehen kann wie diese und wenn ihre Schleppe so lang ist, daß sie alle Kirchenstufen deckt, und wenn schließlich die Brautjungfern ebenso vermummt in Taft und Tüll vor den Treppenstufen in der Gefahr schweben, sich in die Röcke zu verheddern, also, da muß jemand das Kommando übernehmen. Mädchen, die Königssöhne heiraten, haben auch gleich ihre Leute, die alles organisieren und sich um das kümmern, was hinter dem Rücken der Hauptperson passiert.

Ziemt einer Braut Bescheidenheit?

Da scheiden sich die Geister. Zeigt man Männern das Foto von der lachenden Braut, so lautet der Kommentar in neun von zehn Fällen: »Die hat's geschafft und ihren Millionär vor den Altar geschleppt.« Frauen reagieren auf diesen Kommentar der Männer sauer. »Erstens weiß keiner, worüber sie lacht, und zweitens sollte der Bräutigam dankbar sein, daß ihn eine so junge und schöne Frau geheiratet hat!«
Auf jedem Fall sind von alters her die ersten Augenblicke einer Ehe so voller Aberglauben, Vorbedeutung, Sinnbilder und Tantengetuschel, daß Bräute am besten züchtig die Augen niederschlagen und abwarten, bis endlich keiner mehr guckt.

Darf man bei Tisch die Lippen nachmalen?

Warum denn nicht? Diese junge Frau läßt sich den Lippenstift sogar von ihrer Mutter auffrischen. Wer will bei seiner eigenen Hochzeit schon mit abgegessener Lippenfarbe vom Tisch aufstehen? Da es den Lippenstiftherstellern bis heute nicht gelungen ist, einen kuß- oder besser eßfesten Stift zu entwickeln, hat es sich längst eingebürgert, das Abgenutzte rasch und möglichst unauffällig auch während eines langen Essens bei Tisch zu restaurieren. Denn der Weg zum *Powder Room*, wie das im Ausland höflich heißt, ist manchmal zu weit oder die nächste Tischrede hat schon begonnen. Unter Feinschmeckern macht sich zudem die Sitte breit, bei langen und ausgesprochenen Gourmetdiners die Lippen gar nicht erst anzumalen. Manche Lippenstifte haben ein süßliches Eigenaroma. Andere sind fett und machen an Weingläsern Ränder, als ob Vampire am Werk gewesen wären. Und außerdem: Manchmal ist nach der Vorspeise schon der schönste Lack ab, und manche Dame sieht dann wie ein satter Clown aus.

Was trägt der Herr?

Was ihm übrig bleibt. Was soll er denn tragen, der Arme, wenn die Damen in seine Kleider schlüpfen, Jacke, Hemd und Hosen als Alltagskleidung mit Beschlag belegen und in diesem Herrenlook Herren so beschirmen, wie Herren Damen zu beschirmen haben, wenn's not tut, sprich regnet. Denn Damen tragen Empfindliches, das den Regen nicht so gut verträgt wie solide Sakkostoffe. Nun brauchen dagegen Männer Schutz für ihre Mode, die nach, ja, welchen Vorbildern entsteht? Der Herr im Tigerlook hat mehr Mode gemacht als mancher Modemacher, weil er sein Publikum genau kannte. Mode übt heute kein absolutes Diktat mehr aus, sondern ist Experiment. »Man muß es mal ausprobieren, ob es geht«, hat selbst ein britischer Schneider der englischen Königin in einer Talkshow gesagt, als ihn Wolfgang Menge nach der Harmonie oder Nicht-Harmonie von rosa Hemd und rotem Taschentuch befragte.

P S: Frauen, die sich die anonymen Alltagssachen der Männer anziehen, bestätigen dadurch auch, daß man mit dem Korrekten nichts falsch macht und immer richtig gekleidet ist.

Wie korrigiert ein Herr seinen Anzug in der Öffentlichkeit?

Stets ungeniert, ohne Umschweife und auf der Stelle. Schließlich kann sich jedermanns Schuhbändel lösen. Und der damalige Chef des Protokolls im Auswärtigen Amt der Bundesregierung, Sigismund von Braun, kümmerte sich korrekterweise keinen Deut um die Zuschauerscharen im Hintergrund, die gleich ihm auf die Ankunft von Sékou Touré, Staatspräsident von Guinea, warteten, sondern stellte den betreffenden Fuß bequem auf die nächstbeste Erhöhung, um sich den Schuh in aller Seelenruhe noch einmal zu schnüren. »Mit Haltung«, nennt dpa dieses Foto. Mit Eleganz wäre treffender, denn zur Haltung gehört die bewußte, auch oft bewußt vorgetragene Geste, während dieses Bild gerade die lockere Leichtigkeit zeigt, mit der man Kleinigkeiten ohne viel Aufwand erledigen sollte. Genau darin liegt bei uns oft das Problem: daß man einem Schnürsenkel schon mit der moralisch umwitterten Haltung zu Leibe rückt. In solchen Fällen genügt Eleganz wirklich ganz und gar.

Darf man heute noch Hosenträger tragen?

Kinder und Männer haben keine Hüften, und solange sie noch rank und schlank sind, halten sich Hosen kraft eines Gummibandes oder eines Gürtels relativ problemlos in der Leibesmitte. Je mehr jedoch das entsteht, was man höflich als *Embonpoint* bezeichnet, desto schwerer hat es die Hose, nicht von der Wölbung abzurutschen, was die Beinröhren unweigerlich in zwei erschlaffte Ziehharmonikaschläuche verwandelt und den Bauch wie einen Vollmond über dem abgesunkenen Gürtel aufgehen läßt. Ist dieser Punkt erreicht, nennt man Herren stattlich, und wenn sie's dem eigenen Spiegel nicht glauben, so sollte die Frau Gemahlin oder eine andere ehrliche Haut zum Kauf von Hosenträgern raten, wie sie zum Beispiel auch Herr Kohl als Bundeskanzler trägt ...

... und Otto, der ihn wahrscheinlich noch besser als Mode verkaufen kann. Er wäre aber alles andere als stattlich? Erstens: na und? Rutschen können Hosen auch an Bohnenstangen. Und zweitens: Wer so hüpft und hampelt wie er, weiß schon, was er an soliden Hosenträgern hat.

Die Moral: Wer sich nicht nur keine Illusionen über sich selber macht, sondern auch zu Hause einen körperlangen und herzlos beleuchteten Spiegel besitzt, ist meistens besser und korrekter gekleidet und somit auch für alle öffentlichen Krisenfälle gerüstet.

Gehört zum Herrn die Krawatte?

Sicher denken Sie beim Anblick dieses weltberühmten Herrn: »Ein Genie wie Einstein konnte es sich leisten, ohne Schlips zu leben.« Das stimmt, weil – nicht nur bei Einstein – das bedeutend wichtiger war, was in seinem Kopf steckte, als das, was er um den Hals trug.

Es stimmt nicht, weil vermutlich Institutionen wie das Hotel Sacher in Wien, wo ein erwachsener Mann nur mit diesem Stück Stoff um den Hemdkragen in die Speiseräume gelassen wird, auch einem Genie wie Einstein den Einlaß verweigert hätte. Nun könnte man sagen: Pfeift der Herr Professor halt aufs Sacher, ißt an der nächsten Würstchenbude oder läßt sich vom Rektor der Wiener Universität zum Mittagessen einladen. Will sagen: Einstein hatte die Wahl. Wer jedoch in einem »Kreditinstitut« arbeitet, ist, wie der Streit im Sommer 1985 um die Kleiderordnung unserer Volksvertreter im Parlament zeigte, unter Umständen verpflichtet, auch die »negativen Veränderungen im äußeren Erscheinungsbild des Deutschen Bundestages« sich nicht als Vorbild zu nehmen. Hat also ein Angestellter oder Beamter, der dort arbeitet, wo das Auge der Öffentlichkeit mißtrauisch auf ihm ruht, keinerlei Wahl? Weil er in einer Hierarchie steckt, in der man sich auch durch die Art der Kleidung klassifiziert? Ein Gegenbeispiel zu dieser Krawattentreue ist Martin Walsers Romanheld Halm, dessen Minderwertigkeitskomplex allein schon durch das

Krawattenleben seines Kollegen Kiderlen zu voller Blüte gerät: »Dieser Kiderlen hatte noch nicht ein einziges Mal eine Krawatte getragen. Auch nicht, als der Minister in die Aula kam . . . Daß er keine Krawatten trug, war gar nicht der wunde Punkt. Daß Halm selber sich dafür verachtete, weil er immer noch Krawatten trug, das war's. Jeden Morgen, wenn er vor dem Spiegel die Krawatte zuzog, warf er sich vor, daß er sich von dieser Schlinge nicht befreite. Wilde Tücher hätte er tragen wollen, Halsketten, goldene oder aus Jade, oder gar Bernsteinketten. Immer schon. Aber nie hatte er das gewagt. Er fand, er sehe nicht so aus, wie einer, der solche Ketten tragen kann. Und dann kommt dieser Kiderlen und demonstriert ihm jeden Tag, daß nichts leichter ist, als die Krawatte wegzulassen und Tücher und Ketten zu tragen. Inzwischen galt Halm im Lehrerzimmer als Hort der Opposition.«

Was also? Krawatte oder keine Krawatte?

Wie es um eines Mannes Moral, Grips und Charakter steht, kann man selten von außen sehen. Den Schlips sieht man gleich. Deshalb klammert man sich an ihn wie an den berühmten Rettungsanker, auch wenn man weiß, daß das dazugehörige Schiff seit ungefähr einem Jahrhundert gesunken ist. Männer mit Grips im Kopf haben einen Trost: Es gibt wirklich wunderschöne Krawatten.

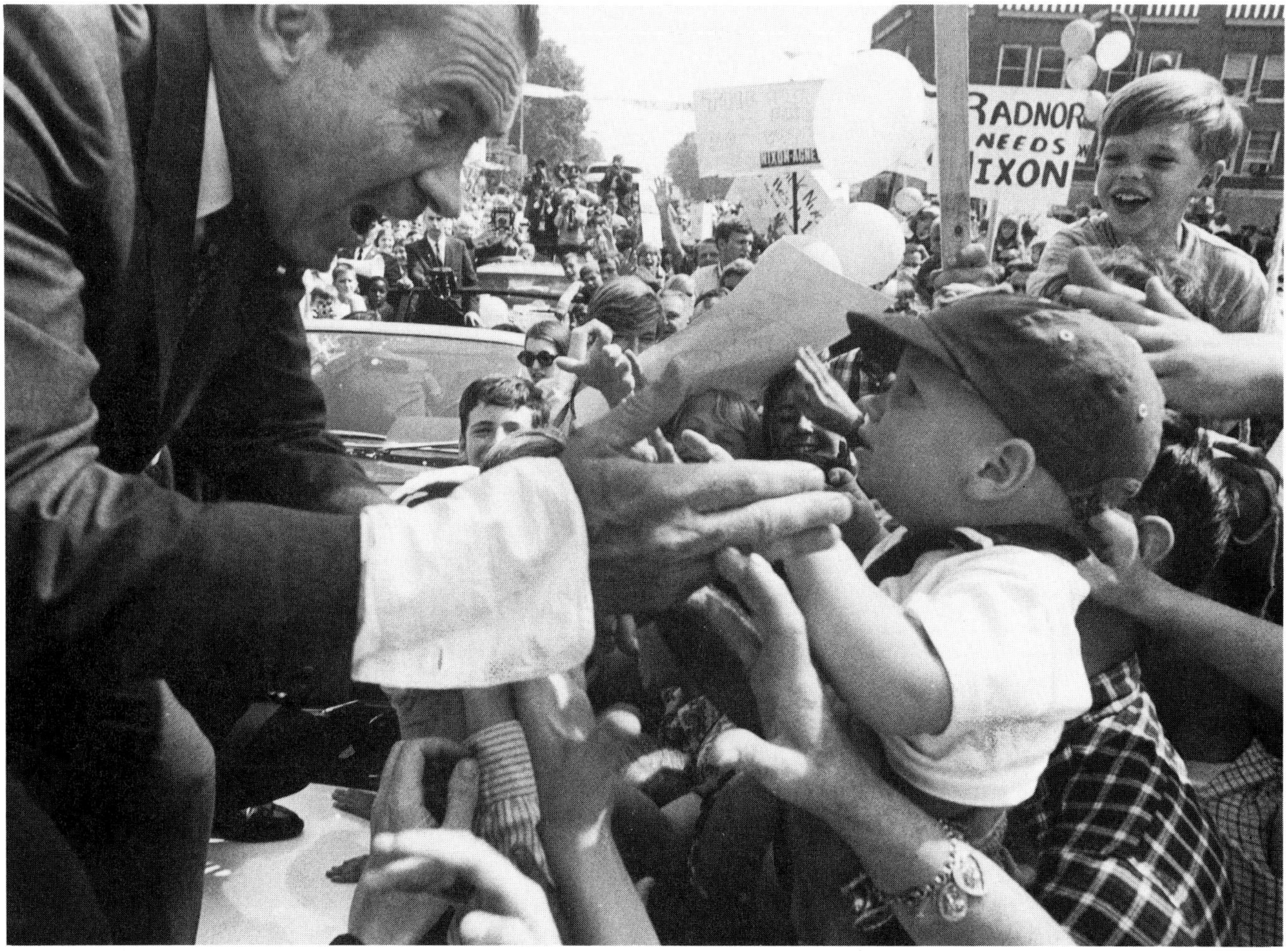

Wozu haben Herrenhemden Umschlagmanschetten?

Um sie umzuschlagen und zuzuknöpfen, damit sie nicht in Tomatensuppe oder Erdbeerkompott tunken und die üblichen Katastrophen verursachen. Ich kann nicht sagen, wer den sinnreichen Manschettenknopf erfunden hat, aber wie praktisch diese kleinen Gegenstände aus möglichst rostfreiem Metall oder zwei Knöpfe mit einem Steg dazwischen sind, erkennt man in den Fällen, wo sie fehlen. Mr. Nixon hatte im Wirrwarr des Wahlkampfes die seinen offensichtlich verloren, verlegt oder vergessen, und man sieht: Ein Mann mit Flatterärmeln schreckt Wähler ab, zumindest die allerjüngsten.
Wie hervorragend der recht benutzte Knopf am Ärmel wirkt, sieht man an Heinrich Maria Ledig-Rowohlt, zigarrerauchend vorm überlebensgroßen Foto seines Vaters und Zigarrenrauchers Ernst Rowohlt, der nun seinerseits demonstriert, wie ein berufstätiger Herr das Problem des verlorengegangenen Manschettenknopfes zugleich dezent und zweckdienlich lösen kann.

Was für Socken trägt ein Herr?

Wenn er gern so sitzt wie der Herr links, so sollten es gar keine Socken, sondern Kniestrümpfe sein. Sie sind ohnehin das korrekte Fußkleid zu Herrenhosen, und den Grund für diese Regel demonstriert das Foto. Ob bleich oder sportlich braungebrannt, nackte Herrenwaden erregen allgemein kein Entzücken und werden deshalb meist bedeckt gehalten. Noch schlimmer als nackte Stachelwaden sind jedoch Sockenhalter. Dann schon lieber Rutschestrümpfe. Aber Sockenhalter scheinen ohnedies ausgestorben zu sein. Mögen sie sanft und für ewig ruhen.

Haben Herren Hüte nötig?

Im Prinzip nein. Oder nur, wenn ihnen am Kopf kalt ist. Wenn sie jedoch Politiker sind, ist ein Hut wichtig, damit er im rechten Moment abgenommen werden kann, wodurch er von einer Kopfbedeckung zum diplomatischen Ausdrucksmittel wird: vornehmlich beim Abschreiten von Ehrenformationen und ähnlichem. So haben der damalige Präsident der Vereinigten Staaten und sein Gastgeber, der österreichische Bundespräsident, die Hüte abgenommen, während sie nach der Ankunft Kennedys in Wien die Parade abnahmen. Kennedy, kein gewohnheitsmäßiger Hutträger, hat sich offenbar irgendeinen Hut in die Hand drücken lassen, damit er etwas zum Absetzen hatte, während Schärf den korrekten weichen schwarzen Hut mit schmalem Rand und leicht aufgebogener seidenbandgefaßter Krempe trägt. Bei uns heißt dieser Gegenstand Homburg, in England nennt man ihn nach dem ehemaligen britischen Außenminister auch Eden-Hut.

. . . und selbstverständlich brauchen Herren Hüte, wenn sie dirigieren, ohne Dirigenten zu sein. Wobei es in Bayern Brauch ist, daß man den passenden Hut zur Kapelle trägt. Die Kopfbedeckung dieser beiden dirigierenden Dilettanten läßt darauf schließen, daß es sich um eine Trachtenkapelle handelt.

Wo und wann behält der Herr den Hut auf?

Immer wenn der Hut sein Markenzeichen ist. Wozu hätte er ihn sonst auf dem Kopf? Beuys verkaufte sich und seine Kunst (oder umgekehrt) mit dem Signalzeichen Hut so gut, daß Beuys ohne Hut erstens unkenntlich und zweitens (und deshalb) in geschäftsschädigenden Umständen gewesen wäre.

Im Prinzip trägt natürlich kein Herr einen Hut in einem Haus, sei es die eigene Wohnung, ein Restaurant oder eine Kirche. Warum schließlich auch? Der Hut war der Helm. Hut lüpfen bedeutete: »Gut Freund! Vor dir kann ich ruhig den Kopf entblößen, ohne davor zu zittern, daß du ihn mir abschlägst!«

Auch wenn der Hut zur Tracht gehört, in diesem Fall der Arbeitstracht des Titelhändlers. Denn: Wie will man einem Titelkäufer klarmachen, wie begehrenswert es ist, Konsul von diesem und Dingsbumsritter von jenem zu werden, wenn man nicht etwas von dem Glanz zeigt, den man sich mit dem Titel und für das Geld erwirbt, das dieser so erworbene Titel kostet.

Hüte waren – auch – Rang- und Standesabzeichen. Etwas von dieser großen Vergangenheit ist ihnen geblieben und hat, wie man sieht, bis heute seine Wirkung. Wo? In Amerika. Dort behält man ihn immer auf, wenn man will. So schlägt Sophia Loren nicht vor Entsetzen über den Fauxpas ihres Kollegen die Hände vors Gesicht, sondern sie lacht über die Faxen, die der Herr mit Hut mit seinem eigenen Geburtstagskuchen treibt. Charlie Chaplin feierte seinen 77. Geburtstag in London und drehte gerade mit Sophia Loren und Tippi Hedren »Die Gräfin von Hongkong«. Obwohl also im Ausland, behielt er die Hut-Sitte des Landes bei, in dem er die längste Zeit seines Lebens zugebracht hatte.

Dürfen Herren Schmuck tragen?

Warum denn nicht, wenn es ihnen Spaß macht. Sie merken ja rasch und von alleine, wie die Umwelt darauf reagiert, wenn sie sich anders als mit Ring und Manschettenknöpfen schmücken. Und sie können dann entscheiden, was ihnen lieber ist: kein Ring im Ohr, keine Brillanten am Handgelenk oder von den meisten Leuten so unverhohlen angeglotzt zu werden, so laute taktlose Bemerkungen anhören zu müssen, daß sich der unbeteiligte Zuhörer fragt: Wieso fordert dies bißchen Gold oder Talmi an Ohr, Hand oder Fuß eines männlichen Wesens unsere Mitmenschen zu solchen hemmungslosen Aggressivitäten heraus? Die Denkmäler auch unserer Kultur beweisen, wie reich und stolz die Männer früherer Epochen sich geschmückt haben. Ist das unmöglich geworden, weil die Preußen sparsam waren? Weil bei den Nazis der deutsche Mann nur den nordischen Kopf trug? Weil sich manche Männer gerne üppig schmücken und schmücken lassen, denen die Gesellschaft der Männer lieber ist als die der Frauen? Oder weil das eigene unterdrückte Körpergefühl beim Anblick der Verwirklichung geheimster Träume aufbegehrt? Wenn Männer trotzdem Schmuck tragen, der mit vielen Karaten funkelt, droht ihnen außer dieser gesellschaftlichen Ver-Ächtung noch eine andere Gefahr. Der Mann mit Armband auf unserem Foto ist der Fürst von Thurn und Taxis, und das Gefunkel an des Fürsten Hand verlockte, als er sein New Yorker Hotel verließ, einen Jugendlichen dazu, ihn zu überfallen. Da Schmuckträger nun im Gegensatz zum herrschenden Vorurteil nicht zwingend Weichlinge und Siemanderln sind, wehrte Thurn und Taxis den Angriff ab und schlug, als der Amerikaner zur Dachlatte griff, so kräftig zurück, daß die Polizei den Straßenräuber festnehmen konnte. Man soll sich also von Diamanten und von Nelken im Knopfloch nicht täuschen lassen.

Darf man den Kopf aufstützen?

Diese beiden tun's. Frau Pappritz sagt nein. Eine Fotografin ermunterte mich sogar einmal: »Stützen Sie doch den Kopf in die Hand, das wirkt so interessant!« Was also? Wie soll man sich zwischen Wunsch und Wirklichkeit entscheiden? Wenn der Mensch müde wird, fängt das meist im Kopf an. Ein kleines Nickerchen wäre die natürlichste und behaglichste Kur gegen Kopfnickerei, aber wer nicht an die 40-Stunden-Woche gebunden ist, kann sich das selten gönnen. Er muß also stützen, und das ist immer noch besser als ein leicht glasiger Blick. Besser für wen? Für den, der die Müden zum Zuhören veranlaßt, und der so faszinierend und geistsprühend reden kann, wie er will: wenn das Programm die Zuhörer überlastet, müssen beide Parteien wache Miene zum bekannten Spiel machen. Und daraus ergibt sich die Lösung eigentlich von selbst: so blicken, daß der Vortragende sich nicht als Langweiler vorkommt, und so stützen, daß es interessant aussieht.

Rauchen Herren beim Grüßen?

Wenn die Herren beim Rauchen arbeiten, können sie natürlich beim Grüßen weiterrauchen, ohne die jeweiligen Rauchwaren aus dem Mund zu nehmen – womit schließlich auch? Hier fehlt wieder einmal die dritte Hand. Wenn sich die Herren jedoch nicht zu einer Arbeitssitzung zusammensetzen, sondern, woll'n mal sagen, in einer Halle aufeinander und auf andere, fremde Leute warten, wenn es also nicht vertraut-familiär, sondern ein bißchen offiziell zugeht, dann darf man erwarten, daß der Zigarettenraucher beim »Guten Tag« die Zigarette aus dem Munde nimmt und der Pfeifenraucher mit seinem ja erheblich penetranteren Geruchsausstoß erst einmal fragt, ob wer was dagegen einzuwenden hätte, wenn er ... und so weiter.

Übrigens: Sollte jemand darauf antworten: »Ach bitte, es stört mich, und wenn es Ihnen nichts ausmacht –«, dann sollte der Raucher die Pfeife friedlich in die Tasche stecken und nicht schmollen. Er hat schließlich gefragt, und höfliche Fragen sind keine rhetorischen Fragen.

Stört Zigarrenrauch?

Sicher nicht, wenn man ihn so gekonnt ins Abseits bläst wie der ehemalige Bürgermeister von Bremen. Herr Apel scheint jedoch von Zweifeln erfüllt und blickt seiner dicken Doppelwolke nicht ohne Mißtrauen nach: Umweltverschmutzung? Rauchvergiftung? Duftbelästigung? Ums Rauchen und Nichtrauchen gibt's heute erbitterte Gefechte, bei denen es längst nicht mehr um gutes Benehmen geht, sondern offenbar darum, daß der Mensch in seiner Abgrundhaftigkeit nicht ohne Feindbilder im Alltag auskommt. Stellen wir also fest: Pfeifen und Zigarren verursachen ebenso wie Zigaretten Rauch und Geruch, nur stärker. Deshalb gilt die Grundregel, die Vernunft und Rücksichtnahme in allen solchen Fällen diktieren: Wer Belästigung verursacht, muß sich entsprechend verhalten. Früher gab es Rauchsalons, früher zündeten sich die Herren erst nach dem Essen ihre Zigarren an und konnten im abgeschlossenen Kreis vor sich hinstänkern, so doll sie wollten. Danach wurde gelüftet. So einfach haben wir's nicht mehr. Aber in bezug auf Zigarren und Raucher ist die Sache klar: Contenance gehört zum »richtigen« Benehmen. Soll das nur für Raucher gelten? Eben nicht.

Wer gibt wem Feuer?

... ein Herr im Prinzip der Dame. Und so reißt Theodor Heuss ein Streichhölzchen an und gibt der Kaiserin Soraya Feuer, während er selber friedlich seine dicke Zigarre dabei schmaucht.
... im weiteren Sinne jeder Raucher jedem Raucher. So hilft Prinzessin Margret nicht nur der Pop-Sängerin Susie Mathis mit einer Zigarette, sie gibt ihr auch Feuer. Rauchen verwischt die sozialen Unterschiede, schafft die Rangunterschiede ab und stiftet eine allgemeine Tabaksdemokratie.

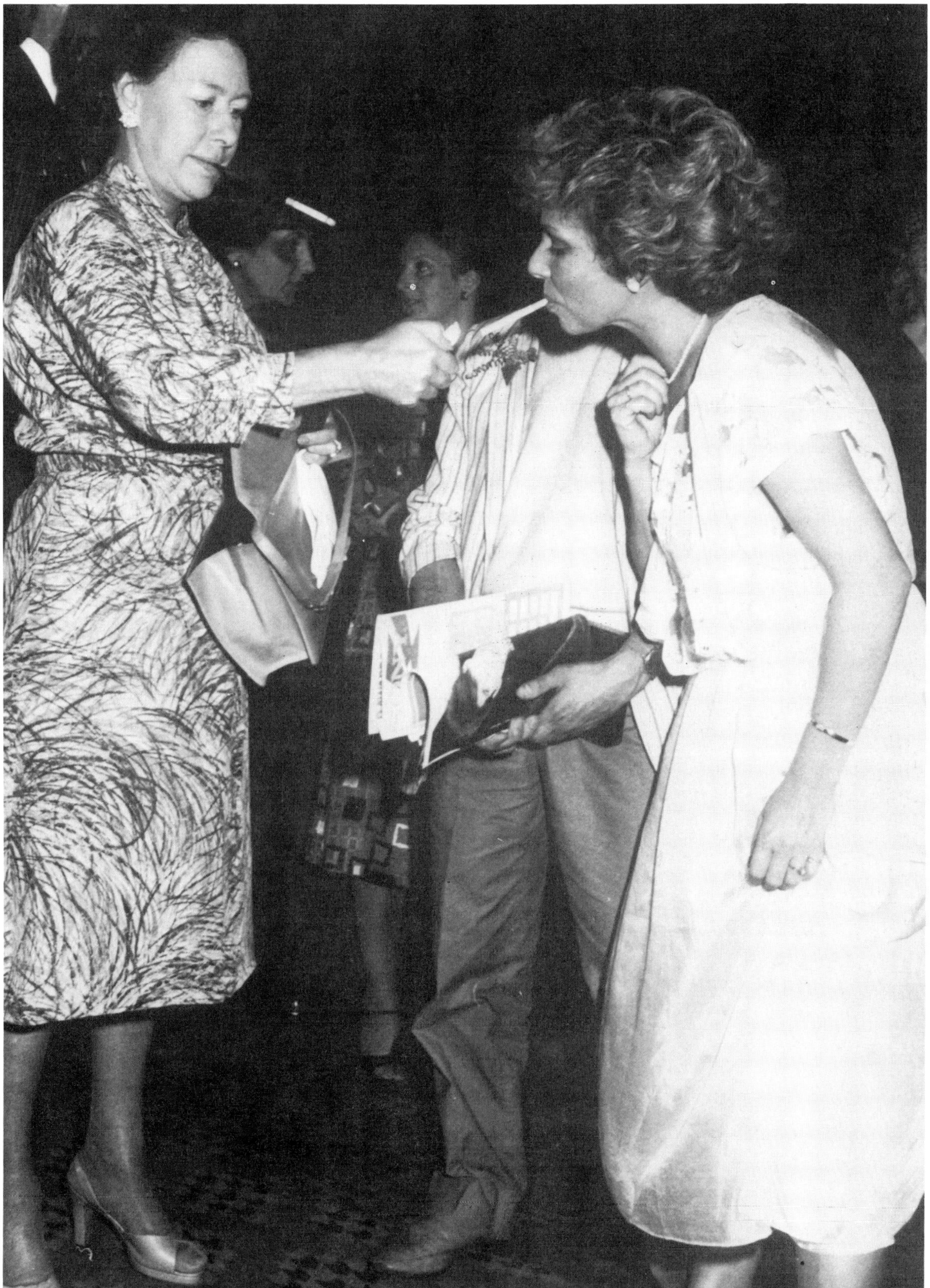

Dürfen Damen Schnupftabak schnupfen?

Offenbar nicht, denn auf allen Fotos sieht man den bekanntesten Schnupfer der Nation immer nur anderen Geschlechtsgenossen Schnupftabak auf den Daumen stäuben. Ihnen macht er vor, wie die Sache geht, und sie, schmunzelnd wie ihr Lehrmeister, tauschen mit ihm Schmalzler – wie dieses Genußmittel in Bayern genannt wird – gegen Schnupftabak. Also, wer darf? Oder kommen den Damen dabei Wimperntusche und Make- up irgendwie in die Quere? Oder wollen sie einfach nicht, obwohl sie doch eigentlich dürfen könnten? Na, hoffen wir, daß uns niemals dringlichere Probleme drücken! Aber: Der Winkel, aus dem die Frauen die Männerwelt betrachten, hat sich verschoben, und daraus ergeben sich viele Veränderungen, auch in Benimm und Benehmen.

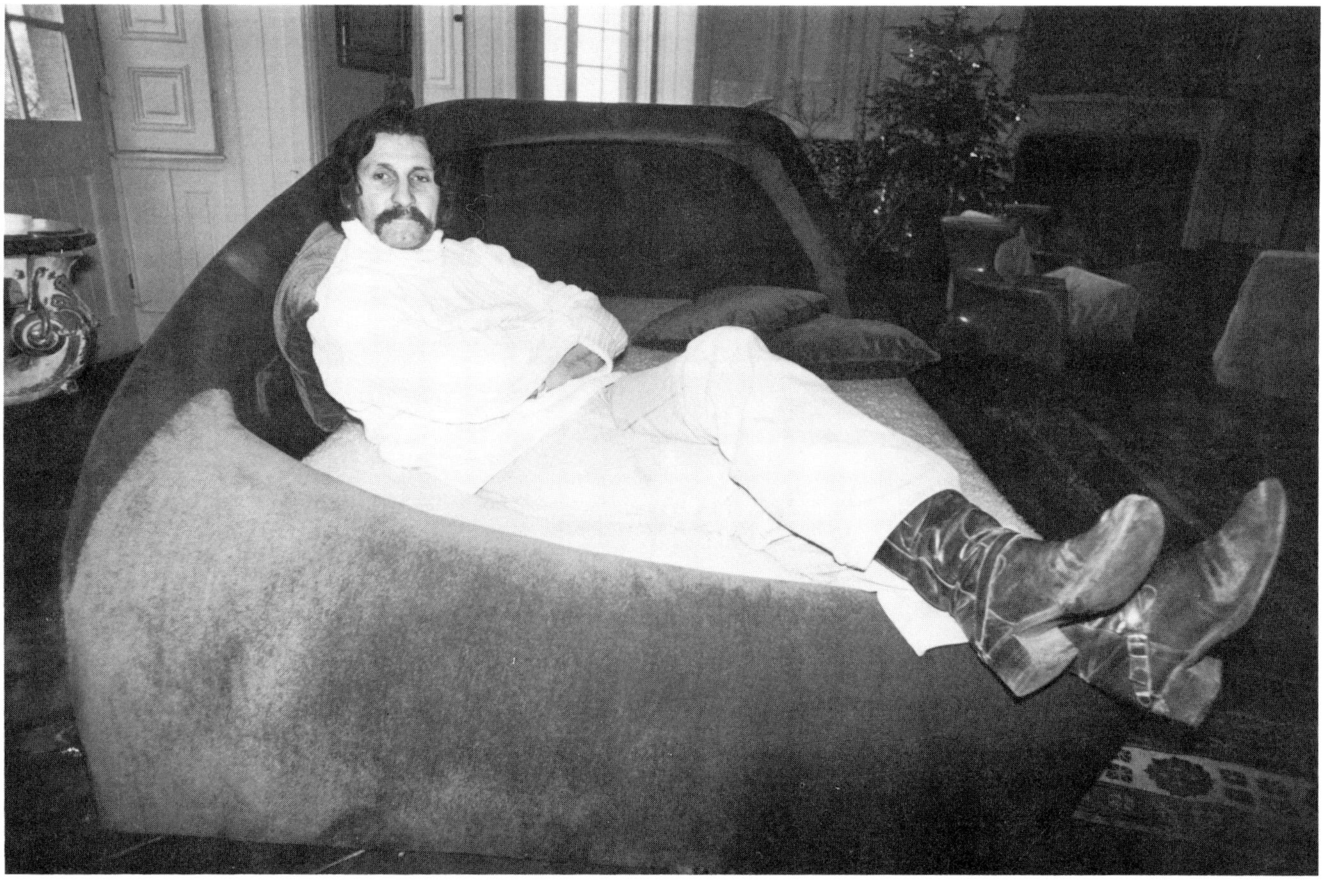

Darf man die Füße auf den Tisch legen?

Ach du liebe Zeit! Was heißt denn »dürfen«? In jedem Gesundheitsbuch steht doch unter »Wie halte ich mich als Manager jung und fit?« zum Anfang: »Entspannen, entspannen, entspannen.« Entspannen und den Kreislauf entlasten, wo es möglich ist. Joggen, beugen, hüpfen und Füße hoch, damit das Herz keine Fisematenten macht und womöglich die Konkurrenz nach Kuwait oder zum Seminar nach Sydney fliegt.

Also: Wer Akten liest, nichts als die Füße auf den Schreibtisch! Wenn es die selbstentworfenen Möbel sind, wie beim Designer Colani, kann man ja an Muttern denken und an ihre Mahnungen: »Geh mit den schmutzigen Stiebeln vom Sofa!« und elegant die Hosenbeine des einen Beines als Schondeckchen unter das andere schwenken. Oder natürlich: sich die Stiebeln putzen. Nur: Wenn Herr Colani bei Ihnen zum Tee eingeladen wird, können Sie sich darauf verlassen, daß er die Füße unterm Tisch läßt. Und obwohl es zahlreiche Reisende gibt, die einem im D-Zug-Abteil die Füße – in Stiebeln und in weitgereisten Socken – unter die Nase legen, korrekt ist das nicht, denn ein D-Zug-Abteil ist weder das eigene Zuhause noch das heimische Büro.

Darf man anderen in die Tasche schauen?

Es geht jeden Fremden einen feuchten Kehricht an, was ich in meiner Handtasche, Hosentasche, Rocktasche oder Aktentasche mit mir führe, und er hat »seine Nase nicht in meine Angelegenheiten zu stecken«, wie die Redensart bestätigt. Meine sauberen oder schmutzigen Taschentücher, Akten, Radiergummis, Pfefferminzbonbons, Puderdosen oder Kämme sind meine Sache und meine Sache ganz allein.

Aber gerade weil das so ist, weil die Tasche mein Heim ist, meine Burg und mein absoluter Privatbezirk, off limits, wirkt die Geste so stark, wenn einer freiwillig den Koffer aufklappt und sein geheimstes Innenleben abfotografieren läßt. »Seht her«, heißt das, »ich habe nichts zu verbergen!« Und obwohl jeder denkende Mensch sich ausrechnen kann, daß man in solchen Fällen erst gar nichts Verbergenswürdiges in den Koffer gesteckt hat, wirkt das Öffnen dennoch so, wie es wirken soll: als gelungene Überraschung.

Nikon

Wie spricht der Herr mit seinem Chef?

Chef oder gerade gewählter Bundeskanzler, Damen oder Höhergestellte: Zigarren aus dem Mund und Hände aus den Hosentaschen! Und vor allem, nicht ins Blaue geschaut, sondern dem Betreffenden ins Auge!

So hieß es früher. So heißt auch heute noch die Regel. Aber so wie es kein lebensmittelrechtlich verankertes Rezept für deutsche Leberwurst gibt, weil fast jede Landschaft, ja jede Stadt ihre eigenen Leberwurstgewohnheiten pflegt, so haben auch die guten Sitten landschaftliches Eigenaroma. Im Norden hat man es gern ein wenig britisch, und in Eton wissen die jungen Männer manchmal gar nicht, wie ihre Hände aussehen, so fest haben sie ihre tagaus tagein in den Hosentaschen versenkt. Der linke Eton-Boy mit den weißen Hemdsärmeln würde sie nicht einmal für seine Schwester, die Prinzessin von Wales, aus der Tiefe hervorholen. Darüber hat sich Diana übrigens nicht einmal geärgert, wohl aber über die Tatsache, daß ihr jüngerer Bruder, Viscount Althorp, genannt Charlie, sich mit seinen neunzehn Jahren durch unflätiges Benehmen ein lebenslängliches Lokalverbot in einem Londoner Nachtclub eingehandelt hat und dann auch noch Schauspieler wurde. In einem Film über die Jugend von Superspion Guy Burgess spielt Charlie dessen homosexuellen Freund. Ort der Handlung: Englands Nobelinternat Eton. Das fand, wie dpa meldete, Prinzessin Diana «geschmacklos».

Dürfen revolutionierende Studenten kurze Haare tragen?

Ausgeschlossen. Sonst könnte man sie beim ersten flüchtigen Blick mit einem Justizbeamten verwechseln. Der französische Studentenführer Daniel Cohn-Bendit hatte im September 1968 in Frankfurt noch eine brave Frisur, wirkte wachsam und klug, aber ebensowenig auffallend wie der nette Junge von nebenan. Wer sich aber gegen den Muff aus den Talaren empört, haßt Haar- und Kleidertracht dieser Talarträger nicht nur so, daß er nie, nie, nie so aussehen möchte, er muß auch eine Gegentracht entwickeln, damit man ihm den Protest auf allen Fotos und bei jedem Fernsehauftritt auf den ersten Blick ansieht. Auch er hat also keine Wahl. Ergibt sich das Bild der Ordnung aus kurzen Haaren, hellem Hemd mit Schlips und Anzug, so besteht das Protestbild zwangsweise aus langen Haaren und buntem Hemd ohne Schlips. Selbst die viel zu normale warme Wolljacke mußte eingemottet werden. Vier Jahre später, beim nächsten Frankfurter „Friedensaufstand", trägt er die inzwischen etablierte Protest-Tracht. Das Foto zeigt außerdem, daß sein und seiner Kollegen Beispiel die Herrenmode bereits wesentlich beeinflußt hat. Auch Anwälte tragen inzwischen Schlips und lange Haare.

Darf man als Dame den Fuß auf den (eigenen) Stuhl stellen?

Können können es sicher vor allem junge Damen, weil sie noch gelenkig und sportlich sind. Dürfen dürfen sie es auch, wenn sie wie diese beiden Hosen tragen, wodurch der Beinsalat wie eine Art Turnübung wirkt. Offensichtlich soll der Fuß am Stuhl auch nicht Männer locken, sondern Glieder lockern. Wer weiß, wie lange Petra Kelly oder Stephanie von Monaco schon haben still sitzen müssen. Und beiden ist zuzutrauen, daß sie genau wissen: Es gibt Zeiten und Situationen, die den Füßen auf dem Stuhl günstig sind und andere, wo man besser mit beiden Beinen auf dem Teppich bleibt.

Dürfen Damen
Damen Blumen in der Vase schenken?

Wenn die Übergabe in einem so heißen Klima stattfindet, wie es in Israel herrscht, und wenn die Vase ein Symbol des Gewerbefleißes eben dieses Landes ist, allemal. Es ist Marlene Dietrich, die 1966 in einer Privataudienz vom damaligen Staatspräsidenten Shazar empfangen und von seiner Frau mit einem Alpenveilchenstrauß beschenkt wurde.

Blumen sind hierzulande ein recht verbreitetes Gastgeschenk. Schon in England erregen sie eine viel stärkere Wirkung, weil man dort eigentlich nur in den äußersten Ausnahmen durch die Blume spricht. Frauen verschenken Blumen zum Geburtstag und als Genesungswunsch, Männer zum Hochzeits- und St. Valentinstag. Aus. Und in einem Land wie Israel, in dem Wasser so kostbar ist wie Gold, werden Blumen vornehmlich zum Export gezüchtet. Ein Veilchensträußchen gilt dort also wahrhaft als Liebes- und Ehrengabe.

Dürfen Herren Herren Topfblumen schenken?

Wenn der Blumenspender ein Graf ist und Besitzer der Blumeninsel Mainau im Bodensee, so kann er sich auch als Blumengärtner kleiden und in Hemdsärmeln und Schürze in seinem eigenen weißgoldenen Festsaal eine Geranie im Topf überreichen. Sogar dann, wenn über ihm der Kristallüster funkelt und alle anderen Teilnehmer des Festaktes im üblichen Schwarzweiß und Trachtenlodengrau stecken. Für den Grafen Bernadotte ist der Auftritt mit dem Blumentopf natürlich Reklame gewesen, denn er steht verschiedenen Organisationen zum Schutz von Tieren und Pflanzen vor, und er weiß genau, daß ein Geraniengraf so werbewirksam ist wie ein Rosenkavalier. Insofern dient das verblüffende Habit vor allem als Fotofang, und die dunkle Krawatte zum schneeweißen Hemd verrät, daß sich Graf Bernadotte im Ärmelrunterrollen wieder in einen Herrn im Feiergewand verwandeln kann. Der Scherz mit Schürze ist ein augenzwinkerndes Spiel mit Konventionen. Aber selbst dieses Spiel setzt voraus, daß wir, das Publikum, diese Konvention so ernst nicht nehmen. Keiner würde heute mehr in Ohnmacht fallen, wenn der Graf in der Schürze auf seinem vergoldeten Stühlchen Platz nehmen und sich seelenruhig so die Festvorträge anhören würde.

Wie beißt der Herr zu?

Mit beiden Händen zuzupacken, versucht man bei uns schon Kindern abzugewöhnen. Doch die abendländische Stulle ist halt flach, so daß selbst ein Kind sie mit seinen zierlichen Fingern bequem anfassen kann. US-Brötchen haben's in sich und ähneln kulinarischen Türmen, vor denen der Europäer, ohne Messer und Gabel allein gelassen, zu verzweifeln neigt. Der Präsident der Vereinigten Staaten macht hier vor, wie man in die Bemme beißt. Beidseitig halten und dann mit Mut hinein! Das Tablett auf seinem Schoß ist sicher gut als Trümmer- und Krümelfang.

Unnachahmlich elegant exemplifiziert der ehemalige Bundespräsident bei der »Grünen Woche« in Berlin, wie man selbst den klebrigsten Kuchen ohne Hilfsgerät so bewältigt, daß man danach nicht unter die Dusche oder in die Badewanne muß. Mit sichtlichem Wohlgefallen verfolgt das Volk seine Leistung, und alle miteinander scheinen zu denken: »Bravo Walter! Du bist unser Bester!« Jawohl!

Darf man mit den Fingern essen?

Freiheit den Unterdrückten! hieß es noch vor kurzem. Freiheit bei Tisch! Kinder, haut auf den Pudding und kleckert mit dem Kakao, wenn das euer unstillbares Bedürfnis ist! – Wir leben nach wie vor in der Überflußgesellschaft, aber auch die Eltern, die ihre Kleinen mit Tomatensauce wie mit Fingerfarben malen ließen, denken schon wieder daran, daß erstens selbst Tomaten Hunger stillen können und daß sich zweitens der Mensch seit der Steinzeit eine gewisse Gesittung zugelegt hat, die auch aus dem Vorgang der Nahrungaufnahme mehr als eine Abfütterung macht. Zu jeder Kultur gehören Zeichen, auch zur Eß-Kultur. Manche sind magisch, was wir längst vergessen haben, aber immer noch beherzigen (dazu gehören der runde Tisch, die brennende Kerze, der Blumenschmuck). Andere sind praktische Anweisungen, die einfach nur entziffert werden müssen. Liegt neben einem Teller das Besteck, so ist das eine Aufforderung des Gastgebers, zu messern und zu gabeln, wie man im Hannöverschen sagt. Steht oberhalb des Tellers eine Fingerschale und liegt auf der Serviette eine zweite, die bunt oder aus Papier sein kann, so darf man mit den Fingern essen. Andere Länder haben natürlich andere Sitten, aber die Mahlzeit, an der Ex-Präsident Carter und seine Frau teilnehmen, zeigt deutlich, daß es nicht ohne Tücke ist, in einem Restaurant – selbst einem sogenannten Barbecue-Restaurant – in zierlicher Abendkleidung rustikal essen zu müssen. Bei diesem »zünftigen Essen« gab's gegrillte Rippchen, und Carter mußte einen ziemlich langen Hals machen, um Hemdbrust und Manschetten rein zu halten. Mrs. Carter in ihrem feinen Kleid schien beschlossen zu haben, mehr zu zupfen als zu verzehren, und das ist ja eigentlich nicht der Sinn einer Mahlzeit. Ich hätte den beiden in dieser Pseudo-Ranch-Umgebung nicht nur das Klecker-Tablett gegönnt, sondern auch Messer und Gabel.

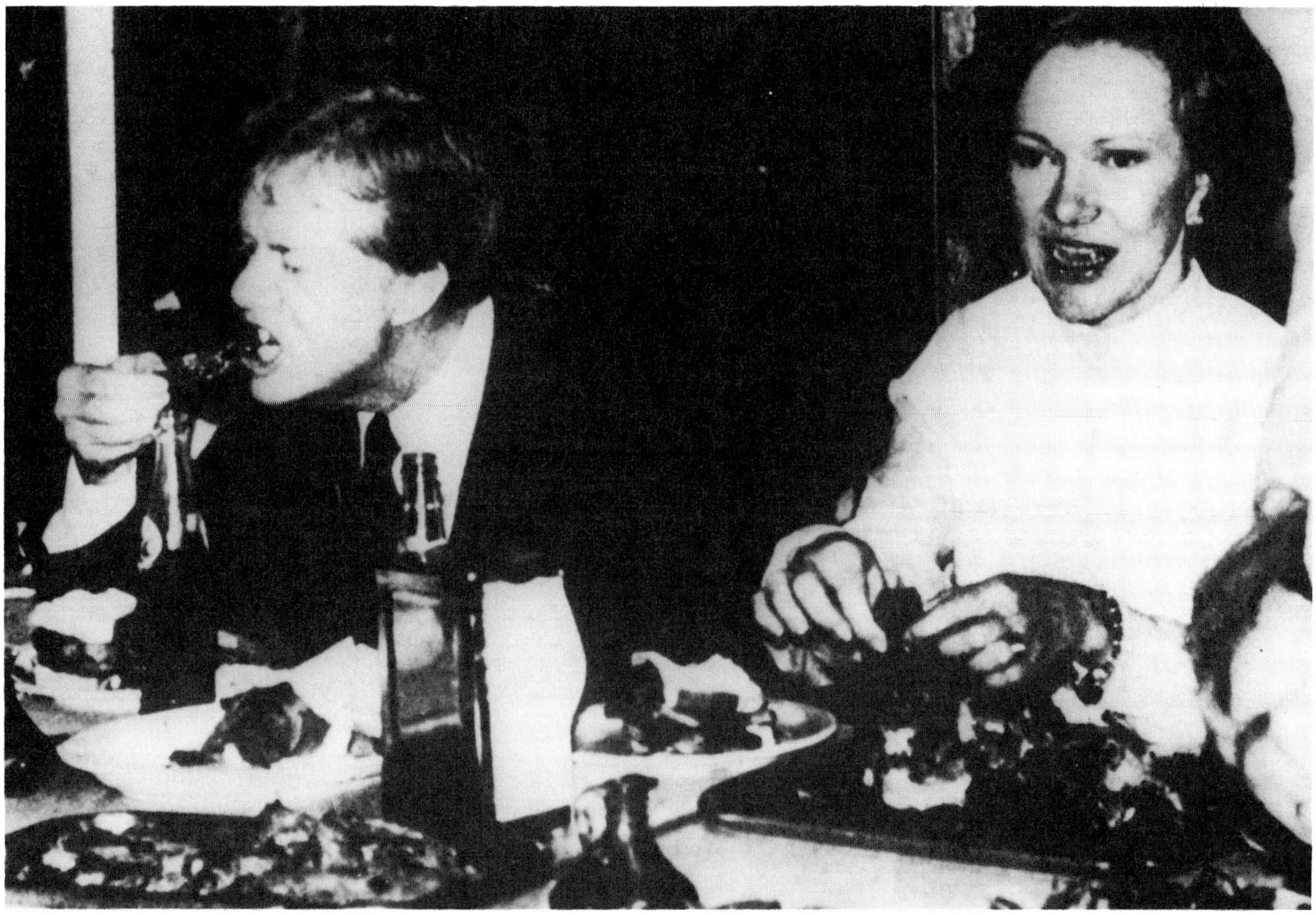

Darf man Mitmenschen in der Öffentlichkeit füttern?

»Schön happi happi machen!« sagen Mütter und Großmütter, die kleine Kinder füttern. Oder: »Einen Löffel für die Oma und einen Löffel für den Opa!«, und das eine macht brav und das andere dick. Im Orient, höre ich, füttert der Gastgeber den Gast immer noch händisch mit besonderen Leckerbissen, zum Beispiel den Innereien von Schlangen oder Fischen, und das verursacht unter Umständen Hepatitis. Um in unserer eigenen Kultur und in der Gesellschaft der Erwachsenen zu bleiben: Jemandem etwas vorzulegen, schickte sich in der ritterlichen Hofgesellschaft überhaupt nicht, was in einem Erziehungsbuch des ausgehenden Mittelalters so erklärt wird: Es sehe ja so aus, als ob der Vorleger »das andere Teil (des Essens) vorziehe. Auch geschieht bisweilen, daß einem anderen nicht paßt oder schmeckt« was ihm vorgelegt wird. Aber trotz dieser vernünftigen Einwände gilt es zu schlucken, was einem vor die Nase gehalten wird, denn sonst könnte ja der Anschein entstehen, »als wenn du den, der dies überreicht, verachtest oder strafst«. Also schluck, damit keiner schluchzt. Heutzutage ißt eigentlich jeder manierlich vom eigenen Teller und füttert Freundinnen und Frauen nur fürs Foto.

Fisch mit Messer?

Gekochter Schellfisch mit Sauce: was sonst als Gabel und Fischmesser? Hering aber: nicht unbedingt. Kieler Sprotten, leckere frische Heringe aus Holland werden am Schwanz gepackt und – wups, ab in den Mund. Das muß man freilich genauso können wie den Umgang mit Messer und Gabel, aber wenn man als Außenminister jahraus jahrein durch die Auslande zieht, hat man auch den flinken Haps nach dem fetten Bissen ohne Flecken auf Weste oder Hemd auszuführen gelernt. Und alle schauen zu und freuen sich, wie gut das klappt.

Darf man im Frack Würstchen essen?

. . . und Champagner aus Zahnputzgläsern trinken; in Jeans in die Oper gehen? Ach, es ist heute schwer, die (Mit)Bürger noch mit so was zu schrecken, aber daß es möglich war, zeigt doch vor allem, daß wir ein Stilgefühl entwickelt haben und überliefern, das auf dem Prinzip des Passenden beruht. Eins muß den gleichen ästhetischen Wert wie das andere besitzen, alles muß miteinander harmonieren, Konzert und Kleidung, Gericht und Geschmeide, wobei der Zeitgeist immer wieder neu festlegt, was als schön, festlich oder kostbar zu bestimmen ist. Weil sich gerade diese winzigen Details so rasch ändern, heißt's freilich pausenlos aufpassen. Diese Bilder zeigen: Offenes Hemd und locker umgeschlungener Lambswoolpullover passen zu Würstchen – Kopftuch, Wiese, weißblauer Himmel zu Weißwürsten. Das hat ja auch in jeder Hinsicht seinen Sinn. Wenn man nicht weiß, wieviel Gäste wann zum Essen kommen, sind Würstchen und ein Korb mit Semmeln ideal und vernünftig. Und wenn eine saftige Wurst beim Reinbeißen spritzt – na wenn schon, ein baumwollenes Hemd oder Kleid ist schnell gewaschen. Da ist auch ein kräftiger Klacks Senf keine Katastrophe. Stellen Sie sich das einmal auf einer Frackbrust vor! Andererseits gibt es zwischen Salzburg und Glyndbourne Festspiele und Galaereignisse, bei denen man in Frack und Abendkleid auf der grünen Wiese sitzt und picknickt. Daß es dabei auch regnen und donnern kann, ist nur eine Variante. Dazu gehören nur etwas Übung und eventuell eine dünne, aber warme wollene Unterhose. Und natürlich daheim eine erstklassige Reinigungsfirma.

705
MOUTARDE
705
705
KRAFT
DELIKATESS
SENF
TOAST
BROT

Darf man mit nacktem Oberkörper zum offiziellen Essen kommen?

In Surinam schon. Vor allem wenn man dort in einem Feriendorf Urlaub macht und keinerlei Kontakt mit den Einheimischen hat, die sich – wenn auch selbst noch nackter – von den halbnackten Weißen provoziert fühlen könnten, politisch, sexuell, kulturell; es gibt da viele Möglichkeiten, ins Fettnäpfchen zu treten. In Feriendörfern, im Schutz der künstlichen Enklave also, kann man jedoch mit der Hülle den Zwang zur korrekten Kleidung fallen lassen. Garade dazu brauchen viele Berufstätige diese Wochen: Wer tagaus tagein im Büro das dezente Kostüm mit weißer Bluse oder den Anzug mit Weste und gleichfalls schneeweißem Hemd zu tragen hat, will einmal im Jahr nachlassen, nachlässig, lässig sein können. Man zahlt viel Geld dafür, sich keinen Zwang antun zu müssen. Das beweist wieder einmal, wie stark der alltägliche Zwang der Manieren noch wirkt. Was sich geändert hat, ist der Gewinn an Freizeitfreiheit. Man stelle sich dagegen unsere Großeltern am Strand von Zoppot oder Heringsdorf vor: Selbst dort steckten sie in Korsett und gestärktem Vatermörder. Wer allerdings diese modernen Clubinseln der Seligen verläßt und im Unterhemd in Kirchen und Klöstern, auf Promenaden und im Speisesaal ganz normaler Hotels aufkreuzt, der beweist unübersehbar, daß er sich nicht zu benehmen weiß. Und ehrlich gesagt: Gerade jene, die ihren Leib zur Schau stellen, sind eher wohlgenährt als wohlgestalt. Selbst etwas hemdartig Flatterndes ist in solchen Fällen nicht nur korrekter, sondern auch gnädiger.

Darf man beim Essen lesen?

1000 Witzzeichnungen, die den Ehemann am Frühstückstisch hinter seiner Zeitung zeigen, beantworten diese Frage mit einem kategorischen Nein! Aber unsere Frage muß hier auf den Kopf gestellt werden: Darf man beim Lesen essen? Denn der betreffende Herr sitzt ganz offensichtlich nicht zu Hause am liebevoll gedeckten Eßtisch, sondern auf dem durch 100 Nachrichtensendungen bekanntgewordenen Ledersessel in Bonn und somit an seinem Arbeitstisch. Er ist der Chef in dieser Runde, und es gibt niemanden, der ihm das Essen während der Arbeitszeit verbieten könnte. Höchstens dem Kollegen aus dem Gesundheitsministerium, der vielleicht einmal in den Schriften geblättert hat, die er herausgeben läßt, und darin den Rat der Deutschen Gesellschaft für Ernährung entdeckt haben könnte: »Beim Essen aufs Essen konzentrieren. Beim Essen weder fernsehen, noch lesen, streiten oder ähnliches, weil sich das auf den Magen schlägt.« Und wenn der Arme dann auch noch mit einem Teller Eintopf fertig werden muß, kann man sich ausrechnen, was passiert. Darf also ein Kanzler sagen: »Mein Magen gehört mir!«? Steht sein Magen nicht auch im Dienst des Vaterlandes? Ich glaube, wir müssen bei der Maxime bleiben: weder beim Essen lesen, noch beim Lesen essen.

Ausnahmen bestätigen die Regel.

Darf man mit aufgestemmten Ellbogen essen?

Tausende tun's, und an hölzernen Tischen in Münchener Biergärten oder bei Volksfesten und Kirchweih – bitte schön. Man entlastet dabei den Rücken, und das ist sicher gesund, aber der Arm wird in dieser Stellung zum Pumpenschwengel. Man kann dann die Glieder nicht mehr frei und sicher bewegen, es bleibt einem gar nichts anderes übrig, als sich das Essen in den Mund zu schaufeln; und wenn es Suppe ist, so erlaubt der Schwengelschwung nur so grobe Bewegungen, daß die Suppe dabei aus dem Löffel schwappt. Also beugt sich der Schwengler und Schaufler wie ein Hund über den Napf, denn er weiß ja, was sich schickt: Beim Essen darf man nicht kleckern!

Darf man Schnaps aus Löffeln trinken?

Sicher, sicher. Dazu sind diese Löffel ja vor 100 oder 150 Jahren gegossen worden. Aber so wie unser Leben heute verläuft, können wir ohne viel Kopfzerbrechen voraussagen: Wer weiß, wie lange diese Regel noch gilt. Denn die Löffel sind aus Zinn. Zinn ist zwar kein Blei, und aus Zinn haben unsere Vorfahren ziemlich lange gegessen und getrunken, doch damals starb man ohnehin viel früher – kurzum: Unser Benehmen ändert sich im Lauf der Zeit auch nach gesundheitlichen Erfordernissen. Gestern war Wild nur rosig gebraten elegant und en vogue. Heute weiß man, daß die lieben Bambis, Hasen und Hirsche in dem bißchen Wald und Hecke, das wir ihnen zwischen Autobahnen und Skipisten übrig lassen, noch mehr Chemie schlucken müssen und verseuchter sind als wir. Und daß bestimmte Keime erst inaktiv werden, wenn man das Wildfleisch lange und stark genug erhitzt. Schon muß also im großen Buch der Tisch- und Tafelsitten eine neue Seite aufgeschlagen und mit neuen Regeln vollgeschrieben werden. Aber vor Schnaps aus Löffeln hat vorerst noch keiner gewarnt. Prost also, solange es noch erlaubt ist!

Wie schenkt sich ein Weinkenner im Restaurant Wein ein?

Eigentlich gar nicht. Er läßt einschenken, denn dazu sind die Kellner da. Versäumt ein Kellner seine Pflicht oder trinkt ein Gast so rasch, wie es der Kellner nicht vermutet, muß der Gast selbst zur Flasche greifen. Wenn er diese jedoch zum Glas führt, sollte der Flaschenhals den Rand des Glases nicht so berühren, wie man es auf diesem Foto sieht. Das hat eine ganz prosaische Erklärung. Weingläser sind, wenn edel, hauchzart, und wenn man mit dem derberen Material der Flasche dagegen schlägt, auch nur ganz leicht, kann's Miniabsplitterungen geben. Das hat der Hotelier nicht gern, weil bei ihm makellose Gläser auf den Tisch kommen müssen, und der Gast hat es auch nicht gern: Wer will sich schon seinen Mund beim Wein zerreißen lassen? Viele Herren schieben jedoch den Flaschenhals so knapp wie möglich über den Glasrand, weil sie Angst haben, die guten Tischtücher zu bekleckern. Mut! Mut! kann man dazu nur sagen. Rote Flecken auf weißem Damast haben Herren nicht zu bekümmern.

Darf man aus der Flasche trinken?

Babys und Biertrinker fackeln da nicht lange, und die zweite Gruppe hat oft auch keine Wahl. Da bin ich, und da ist meine Buddel – soll ich verdursten? Daß ein Bundeskanzler beim Schluck aus der Pulle fotografiert worden ist, beweist jedoch, daß diesem Schluck eine höhere Bedeutung zugemessen wurde. Die Flasche als Test. Wofür? Nun, wer trinkt gewöhnlich aus der Flasche? Wer hingegen benutzt gewöhnlich Gläser (und ißt auch ein Butterbrot mit Messer und Gabel und tupft sich die Lippen mit der Serviette ab, wo wir doch den breiten, ehrlichen Handrücken haben? Wer schnupft sich ins Taschentuch und so weiter und so weiter)? Dazu ein Zitat vom Freiherrn Knigge, der ja ein politischer Schriftsteller war: »Der redliche, fleißige Handwerker ist viel vornehmer als der faule, schlechte Minister, und nur die Verderbnis der menschlichen Einrichtungen hat einen so lächerlichen Vorzug eines Standes vor dem anderen eingeführt.« Die Flasche also als Standessymbol, und da es unterdessen keine Stände und eigentlich auch keine Klassen mehr gibt, sondern nur noch Steuergruppen, haben solche Tests mehr Symbolcharakter als etwas anderes. Darüber sind sich alle Herren auf diesem Foto einig, denn Schmidt, na klar, hat die Probe mit Glanz und Gloria bestanden. Er setzt an, und die anderen schmunzeln. Jawoll, sagt ihr Blick, du bist noch einer von uns und kein feiner Pinkel geworden! – Das und die schöne alte Standestracht der Zimmerleute noch dazu – das ist in unserer standeslosen Zeit schon ein Foto wert.

Wie greift man zum Weißwein?

Etwa so, wie es der ehemalige Bundespräsident Walter Scheel vorführt. Er ist Weinkenner und -liebhaber und braucht beim Griff nach dem Glas sicher gar nicht mehr nachzudenken, um es vollendet richtig zu machen, weil sich in diesem Fall das Korrekte aus der Sache selbst ergibt. Weißwein trinkt der Kenner gerne kühl. Also haben kluge Leute dem Weißweinglas einen langen Stiel verliehen, damit man es daran anfassen kann und den Wein im Kelch nicht durch die Wärme der Hand aufheizt und beeinträchtigt. Richtig gefaßt, schmeckt der Weißwein also wesentlich besser, und außerdem: Wer mit jemandem anstoßen will, weiß, daß es nur dann so zart und triumphierend wie ein Elfenschrei erklingt, wenn die Glaskuppe frei schwingen kann.

Wenn Otto mal genug Zeit hat, sich auch Wein in sein Glas gießen zu lassen, wird er es schon richtig in den Griff bekommen. In diesem Sinne: Prost.

Darf man beim Trinken den Löffel in der Kaffeetasse lassen?

Unmöglich! Unter keinen Umständen! wäre die einhellige Antwort aller Kaffeekränzchenschwestern, die ganz genau wissen, wie man mit den schönen blümchengemusterten Goldrandtassen umgeht. Na gut. Aber dies ist kein Kaffeekränzchen und keine Streublumentasse aus feinstem Porzellan, sondern eine aus Plastik. Sie wird von jemandem benutzt, der an einem Sicherheitskongreß der SPD in Bremen teilnimmt, und Tee und Kaffee gibt's auch nicht aus Porzellankannen mit Rosenknauf und Tülle, sondern aus Thermosflaschen. Die Plastiktasse hat natürlich keine Untertasse, und wenn der Kaffeetrinker nun Zucker oder Sahne zu seinem Kaffee nimmt, wohin soll er dann mit seinem Löffel? Scherzbolde stecken sich das Plastikbesteck vor das Taschentuch in die dafür vorhandene Anzugtasche. Das ist praktisch, aber albern. Den Löffel drinlassen ist praktisch und sachlich. Deshalb besser.

Neue Lebensformen, neue Werkstoffe stellen den, der sich dem Neuen stellt, immer wieder vor neue Situationen. Wie soll er sich entscheiden? Bismarck soll einmal Protokollfragen um das »Oben«, also den Ehrenplatz an einem runden Tisch, so gelöst haben: »Wo ich sitze, ist immer oben!«

Darf unter Porzellan nur schneeweißer Damast?

Aber warum denn? Blümchentischtuch unter Blümchenteller sieht bei den Rothschilds schön aus – warum nicht auch bei dir und mir? Auf so einem gemusterten Tischtuch fallen außerdem die Flecken nicht so auf – obgleich die Rotweinkaraffe ja eine fesche Masche um den Hals trägt, einen eleganten Tropfenfänger. Am Besteck sieht man übrigens nicht nur, daß es gleich Fisch geben wird, sondern daß man die Gabeln und Löffel nicht überall mit Zinken und Spitze nach oben hinlegt, sondern so, daß man das Monogramm oder Wappen auf der Unterseite der Griffe sehen kann. Zum Tischdecken, erst

recht zum Tischdekorieren gibt es heute mehr Schnickschnack als man in seinem ganzen Leben nutzen könnte. Erlaubt ist alles, was beim Essen nicht stört, und es stört zum Beispiel erheblich, wenn Gastgeber oder Gäste erst umständlich die noch so schönen Dekorationen beiseite räumen müssen, damit die Schüsseln und Platten aufgetischt werden können. An diesem Tisch ist das kein Problem. Ein paar zarte Pflänzlein in Porzellanbechern täuschen Fülle vor, sind aber im Nu beiseite geschoben, wenn der Fisch und seine Beilagen ihren Auftritt haben.

Gehört ein Tischtuch auf den Eßtisch?

Keineswegs. Die Sitte mit dem Stück Stoff auf der Tafel ist ohnedies höchstens ein paar hundert Jahre alt, und aus England haben wir längst die Mode des unbedeckten Tisches (mit Sets, damit die Teller nicht so auf dem nackten Holz klappern) und aus Bayern die der blankgescheuerten Bauerntische übernommen. Es ist sogar korrekt, daß die jungen Leute mit den Fingern essen, denn es gibt frisch gekochte Muscheln, die auf diese Weise aus Suppentellern verspeist werden. Es ist weiterhin zweckmäßig und deshalb korrekt, das Essen für so viele Personen in großen Gefäßen auf den Tisch zu bringen. Und wer schließlich in einer so großen Wohngemeinschaft den Abwasch machen muß, hat sicher nichts dagegen, wenn er sich die Untertassen sparen kann. Daß die meisten Betrachter das Foto trotzdem nicht als positives Beispiel für Tischkultur empfinden werden, liegt daran, daß all diese vernünftigen Argumente durch die Art und Weise ihrer Verwirklichung zunichte werden. Wenn Ausländer uns Deutschen auch einen übertriebenen Hang zur Sauberkeit fast zum Vorwurf machen, so muß in diesem Fall selbst ein Ausländer sagen: Dies ist ein Naschtisch für Krümelmonster.

Auch dieser Tisch trägt kein Tischtuch (und gegen das Geklappere hat man einige Platten und Schüsseln auf Unterteller gestellt). Dieses Gedeck ist wiederum so schön, daß es einem den Appetit zu verschlagen droht. Was ist schön? Wer findet was schön? Was verstehen Sie unter dem »schön gedeckten Tisch«? Auch die Konvention kennt Spielarten, Auswüchse, individuelle Varianten. Aber zwischen den Extremen gibt es Formen des Schönen, die Zustimmung finden. Und vor allem: eine Übereinstimmung (das ist das deutsche Wort für Konvention) darin, daß es zu unserer Kultur gehört, sich »den schön gedeckten Tisch« zu gönnen. Alltags wie sonntags.

Wie drückt man bei der Ordensverleihung die Hand?

Tja, auch das muß, wie man sieht, geübt werden, und bei den ersten Versuchen sieht es noch etwas linkisch aus. Denn: Eine Hand muß das Ordensetui halten, die andere ist frei, aber wenn beide Beteiligte mit links halten, kommen die Rechten irgendwie überkreuz. Dann hat sicher noch ein Fotograf gerufen: »Hände weg! Sonst hab ich das Dings nicht drauf!«, und lächeln muß der Geehrte auch noch, wobei man ihm ansieht, daß er sich eigentlich am liebsten verneigt hätte. Das wäre zwar gewiß am nettesten gewesen, aber auch beim guten Benehmen kann man nicht alles Richtige auf einmal bieten. Immerhin: Man merkt, wie es Willy Brandt, den damaligen Bürgermeister von Berlin, freut, von Theodor Heuss, dem damaligen Bundespräsidenten, ausgezeichnet zu werden, und das ist sicherlich die Hauptsache.

Wie erwischt man einen Orden?

Indem man sich selbst danach bückt. So wie Konrad Henkel, der 1980 mit dem Großen Bundesverdienstkreuz geehrt wurde. Beim Überreichen der hohen Auszeichnung rutschte dem damaligen Nordrhein-Westfalen-Ministerpräsidenten Johannes Rau das Ripsband aus der Hand. Doch Konrad Henkel war rascher als die anderen. Der Zwischenfall reichte aus, um die Regeln des Protokolls zu lockern: Ehefrau Gabriele Henkel sorgte gemeinsam mit dem Ordensverleiher dafür, daß es mit Kreuz und Band seine Ordnung bekam.

Darf man bei einer Ordensverleihung lachen?

Der eine klappt ein Etui mit einem Silbertablett auf, und die andere hätte sicher beide Hände vors Gesicht geschlagen, wenn sie nicht in der einen den Orden halten müßte, den sie gerade verliehen bekommen hat. Irgendwie hängen das Silbertablett und der Ordensstern zusammen, doch in dieser Beziehung ist der Text des Pressefotos etwas verschwommen. Ganz genau ist er jedoch in bezug auf die Personen. Peter Ustinov hält das Tablett und hat gerade eine so witzige Bemerkung gemacht, daß Sophia Loren loslachen muß, obgleich es sich doch um eine würdige und ehrenvolle Angelegenheit handelt. Präzise ist auch das Datum angegeben: 25. November 1965, da waren wir 20 Jahre jünger, Sophia Loren auch, und erst recht ihre Routine bei öffentlichen Auftritten. Sicher ist es damenhafter, gleichmäßig und gleichmütig zu lächeln und die Hände am Orden zu lassen, aber wohltemperierte Damen gibt's viele, und ein herzhaftes Lachen unter einer kräftigen, gesunden Frauenhand ist halt herzerfrischend. Zusatzfrage: Darf man die Hände vors Gesicht schlagen? Merkwürdigerweise sagen die Leute, wenn sich Frauen die Hand nur vor den Mund schlagen »Marktweiberallüren«. Hände vorm ganzen Gesicht aber wird anders bewertet – und wird gestattet. Es ist auch tatsächlich so: Der Mensch hat eine Scheu, seine tiefsten und privatesten Gefühle öffentlich zu zeigen. Deshalb schlagen kleine Mädchen die Schürze über den Kopf, wenn sie ein Kicheranfall packt, und deshalb trägt die Witwe bei der Beerdigung einen Schleier. Deshalb legen Katholiken beim Gebet oder nach der Kommunion die Hände vors Gesicht. Mein Gefühl gehört mir, heißt das, und in unserer gefühlsarmen Zeit ist das ja schon etwas.

Darf man Geschenke gleich auswickeln?

Darüber wird in Benimm-Büchern heftig gestritten. Für Hilde Heinemann, die Frau des ehemaligen Bundespräsidenten Gustav Heinemann, war das gar keine Frage. Sie wickelte mit versonnenem Lächeln ihr Staatsgeschenk aus, während ihr Mann bei seinem ersten Staatsbesuch in den Niederlanden die Dankesrede hielt. Was es war? Kann man nicht erkennen. Ist auch gleichgültig, denn wer weiß, ob sie's behalten durfte. Neulich bekam die Prinzessin von Wales in aller Öffentlichkeit ihre Lektion über das Annehmen von Untertanen-Geschenken: Ein Juwelier hatte ihr einen Ring dediziert, den sie mit Recht so prachtvoll fand, daß sie ihn sofort an den Finger steckte. Er funkelte jedoch so sehr, daß es auffiel, und Diana mußte ihn schleunigst wieder abstreifen, denn der Ring besaß einen Wert von etwa 40 000 DM. Ein Sprecher des Buckingham Palastes erklärte laut dpa: »Die Prinzessin von Wales hat sich gemeinsam mit dem Geschenkgeber mit einer Auktion für wohltätige Zwecke einverstanden erklärt. Sie ist auf den Wert des Rings aufmerksam gemacht worden und auf die Tatsache, daß Mitglieder der Königsfamilie keine derartigen Geschenke annehmen.« Gaben dieser Art werden also erst zum persönlichen Geschenk, wenn sie billig sind. Nach dem Protokoll der Hansestadt Hamburg darf man alles mit nach Hause nehmen, was schätzungsweise nicht mehr als 50 DM gekostet hat.

Wieviel Schmuck darf eine Dame tragen?

Kiloweise. So viel, daß es klirrt und klimpert, sprüht und funkelt und wie ihr Hals aushält. Das freut die Juweliere, das kommt gut im Fernsehen raus, und das paßt vorzüglich zu dem satten Glanz des goldenen nackten Mannes, den Diane Keaton und Janet Gaynor bei der Jubiläums-Oscar-Verleihung 1978 überreicht wurde. Auf Porträts der Jahrhundertwende sieht man, daß es damals bei den Damen der Gesellschaft Mode wurde, die bäuerlichen Kropfketten (breite Halsbänder aus fünf bis neun Silberketten, die den geschwollenen Hals kaschieren sollten) in Perlen nachzuahmen: nicht gegen Kröpfe,

sondern faltige Hälse, und die meterlangen Schnüre aus suppenerbsengroßen Perlen noch darüberzuwerfen. Diese Sitte hat in kargen, in Kriegs-, Wirtschaftskrisen- und Inflationszeiten nur geruht. Jetzt kann man sich wieder behängen, mit so viel, wie man hat, wenn man sich traut. Und weil das eben oft keine Frage des Stils, sondern der Sicherheit ist, tragen viele Frauen selbst abends keinen nennenswerten Schmuck. Oder nur Modeschmuck. Und der funkelt manchmal noch viel doller!

Was macht man mit Gästen, die Telefonbücher zerreißen?

Man hält sich ein paar alte in Vorrat, damit der Gast etwas zum Zugreifen hat und nicht an das Grimmsche Wörterbuch oder ähnliches gehen muß. Wer auf diesem Bild riß, war der legendäre »Seeteufel« Graf Luckner, der dem damaligen Leiter der Deutschen Beobachtungsgruppe bei den Vereinten Nationen in New York, Sigismund von Braun (und natürlich allen, die das Foto in der Presse sehen würden), beweisen wollte, daß er noch so stark wie eh und je im Reißen war. Demonstrationen dieser Art sind ja noch milde. Man hat Gastgeber schon vor ganz anderem zittern sehen. Im Prinzip liegt ihnen ob, das höfliche Lächeln auch bei Donner und Blitz zu wahren. Doch wenn Gäste nicht mehr skurril, sondern grob und widerwärtig werden, können sie nicht damit rechnen, daß man sie ewig gewähren läßt. Die Pflichten des Gastgebers entsprechen denen des Gastes. Schon Odysseus hat die impertinenten Freier seiner Frau mit Pfeil und Bogen und Speeren verjagt und getötet. Diese Geschichte ist jahrtausendealt und zeigt, daß die Probleme die gleichen geblieben sind. So harsch wie in der Zeit von Griechenlands Größe wird mit den Gästen freilich nicht mehr verfahren. Aber wer hat auch heute noch wie Odysseus die Göttin Athene als Ratgeberin zur Seite?

Ist ein Handschlag noch was wert?

Adenauer war kein Arbeiterkanzler und keiner, der den lauten Beifall der anderen brauchte. Er wußte, was er wollte, und wenn er jemandes grüßende Hand ergriff, so war das selbst im Wahlkampf, so wie hier, keine werbende Geste, sondern ein Versprechen. Ein Handschlag von altem Schrot und Korn, der etwas besiegelt.

Daß dagegen der österreichische Verteidigungsminister, Friedhelm Frischenschlager, Herrn Reder, den »NS-Kriegsverbrecher als Spätheimkehrer«, Anfang 1985 mit Händedruck begrüßte, machte eine »Instinktlosigkeit«, wie die Süddeutsche Zeitung schrieb, zu einem »Fall« und verursachte schweren außenpolitischen Schaden.

Ebenso empört waren die Italiener, als im Januar 1985 ihr Außenminister De Michaelis einen in Italien zu 20 Jahren Haft verurteilten Terroristen in Paris auf einer Kunstausstellung mit Handschlag begrüßte.

»Ich«, beeilte sich der italienische Staatspräsident Pertini öffentlich zu versichern, »hätte einem Mörder nie die Hand gegeben!«

Und auch beim internationalen Tennis macht der Handschlag heute noch Schlagzeilen, wenn nämlich John McEnroe, durch Trotz und Toberei ein Begriff geworden, wegen schlechten Benehmens eine Geldstrafe von 1250 Dollar aufgebrummt bekommt und sich deswegen nicht nur mit dem schwedischen Schiedsrichter in heftige Auseinandersetzungen stürzt, sondern auch seinen Partner, den Spanier Juan Aguilera, so heftig beschimpft, daß dieser dem Amerikaner nach dem Match den Handschlag verweigerte.

Gelten für Pressefotografen Höflichkeitsregeln?

Im Prinzip ja. In Wirklichkeit nein. Ein bestimmter Herr David zum Beispiel wollte ganz offensichtlich nicht fotografiert werden. Der Fotograf blitzt trotzdem und hätte auch Erfolg gehabt, wenn der Herr und eine seiner Damen nicht schneller gewesen wären.
Die Person im geschlossenen Auto brauchte Polizeischutz, um den Ring der Fotografen passieren zu können. Ein Mitmensch aus dem Nachbarauto mußte sogar handgreiflich werden. Das Bild läßt offen, ob er den Fotografen am Knipsen hindern wollte oder selber am Knipsen gehindert wurde.

Für Fotografen ist das Knipsen ihr Job. Fotografen tauchen überall auf. Sie stehen wie eine Mauer zwischen Publikum und Preisträgern, knipsen auf Friedhöfen Trauernde und, versteckt aus der Ferne, berühmte nackte Schwangere, drängen sich in Nietenhosen und Pulli zwischen festlich Gekleidete und sagen niemals »Erlauben Sie bitte!« oder »Danke!«, sondern: »Und das Ganze noch mal für die Kamera!« Wir aber gehorchen und heben dadurch das Gesetz der Höflichkeit abermals auf. So beweisen wir uns täglich, daß wir eine optische Gesellschaft geworden sind und daß auf einen, der sich belästigt fühlt, tausend kommen, die sagen: »Für zwei Minuten im Fernsehen oder eine Seite in einer Illustrierten können die Jungs mit mir machen, was sie wollen.«

Trotzdem: Der Besitz einer Kamera befreit nicht von der Pflicht zur Höflichkeit. Der Merkspruch unserer Großmütter »Was du nicht willst, das man dir tu, das füg auch keinem andern zu« paßt nicht immer, ist in diesem Fall aber goldrichtig.

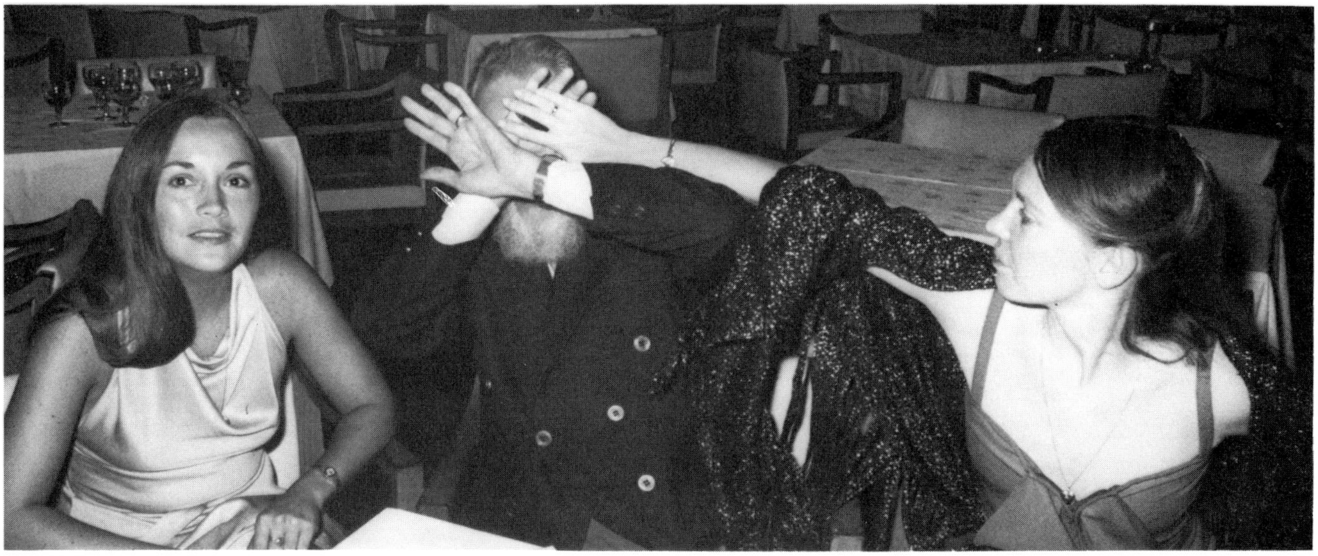

HH-NK 788